U0586217

现代化新农村与农村社会治理

唐菁阳　崔海燕　刘悦上◎著

中国出版集团　现代出版社

图书在版编目（ＣＩＰ）数据

现代化新农村与农村社会治理 / 唐菁阳，崔海燕，
刘悦上著. -- 北京 : 现代出版社，2023.12
ISBN 978-7-5231-0369-2

Ⅰ．①现… Ⅱ．①唐… ②崔… ③刘… Ⅲ．①农村－
社会管理－研究－中国 Ⅳ．①C912.82

中国国家版本馆CIP数据核字(2023)第255840号

| 著　　者 | 唐菁阳　崔海燕　刘悦上 |
| 责任编辑 | 袁子茵 |

出 版 人	乔先彪
出版发行	现代出版社
地　　址	北京市安定门外安华里504号
邮政编码	100011
电　　话	(010) 64267325
传　　真	(010) 64245264
网　　址	www.1980xd.com
印　　刷	北京四海锦诚印刷技术有限公司
开　　本	787mm×1092mm　1/16
印　　张	10
字　　数	190千字
版　　次	2023年12月第1版　2023年12月第1次印刷
书　　号	ISBN 978-7-5231-0369-2
定　　价	58.00元

前　言

20 世纪末以来，中国农村发展经历了巨大的变革，但是随着农村经济体制的改革开放和农民收入水平的提高，农村社会出现了新的问题和需求。一方面，农村社会结构发生了深刻的变化，传统的农业劳动力大量流失，老龄化问题日益突出；另一方面，农民对基础设施、公共服务和社会保障的需求也在不断增加。为了解决这些问题，政府相关部门提出了"建设现代化新农村"的目标，并出台了一系列政策和措施，以改善农村的基础设施建设、提高农民收入、加强社会保障等方面的工作。随着这些措施的实施，农村地区的经济状况逐渐改善，农民收入水平稳步提高，农村社会治理也面临新的机遇和挑战。

基于此，笔者以"现代化新农村与农村社会治理"为题，首先分析现代化新农村的理论根基，内容包括农业农村现代化的逻辑内涵、农业农村现代化建设的意义、中国式农村现代化道路探索；其次探讨现代化新农村建设的文化向度、现代化新农村的农业经济管理与发展；最后研究现代农村基层社会治理的法治化推进方略、现代农村社会治理的新思路与新路径。

本书的特点具体如下。

第一，综合性和系统性：本书系统地阐述了现代化新农村建设和农村社会治理之间的关系，涵盖了农村基础设施、农村经济、治理体系等多个方面的问题，具有较强的综合性。

第二，理论性和实践性：本书既深入挖掘了现代化新农村建设和农村社会治理的理论内涵，又结合了实际案例和经验，具有一定的理论贡献和实践指导意义。

第三，透彻的分析和深入的思考：本书在分析新农村建设和农村社会治理的问题时，不仅提出了问题所在，更是深入思考了问题的产生根源和解决之策，具有很高的分析深度。

第四，面向未来的制度建设思考：本书针对新农村建设和农村社会治理中存在的许多体制机制问题，提出了面向未来的制度建设思考和设想，具有前瞻性和指导性。

笔者在写作本书的过程中，得到了许多专家学者的帮助和指导，在此表示诚挚的谢意。但是由于笔者水平有限，加之时间仓促，书中所涉及的内容难免有疏漏之处，希望各位读者多提宝贵意见，以便笔者进一步修改，使之更加完善。

目　录

第一章

现代化新农村的理论根基

第一节　农业农村现代化的逻辑内涵

"农业农村现代化是建设农业强国的应有之义，是促进农民农村共同富裕的内在要求"①。中国农业农村现代化是中国式现代化理论在"三农"实践中的成功运用，是历史逻辑与现实逻辑的辩证统一，是向世界贡献的解决"三农"问题的中国方案。深入推进中国农业农村现代化，要全方位夯实粮食安全根基，把握主动权，增强发展安全性；加快畅通城乡要素流动，促进乡村全面振兴；增强农业科技与改革的双轮驱动力，提高全要素生产率和农业竞争力；构建生态优先、节约集约的农业生产体系，推动形成绿色低碳生产方式；发展县域富民产业，多措并举促进农民农村共同富裕；建设宜居宜业和美乡村，让农村具备现代生活条件。

一、农业农村现代化的生成逻辑

中国农业农村现代化具有深层的历史逻辑、强烈的现实逻辑，是历史逻辑与现实逻辑的辩证统一。中华人民共和国成立以来，为了加快推动我国传统农业农村向现代化农业农村转变，中国共产党团结带领全国各族人民开始了艰难追索、自主探索、自信求索农业农村现代化之路。面对怎样加快建设农业强国、怎样为全球贡献农业农村现代化的中国方案、怎样满足亿万农民日益增长的美好生活需要、怎样促进农业农村绿色低碳发展等现实课题，中国作出了符合国情农情世情的科学回答，得出了符合客观规律的科学认识，迈上了中国农业农村现代化的正确道路。

（一）农业农村现代化的历史逻辑

第一，学习借鉴艰难追索的农业现代化之路。中华人民共和国成立初期，主要采取学

---

① 蓝红星，王婷昱，施帝斌. 中国农业农村现代化：生成逻辑、内涵特征与推进方略 [J]. 改革，2023（7）：105.

习借鉴苏联的农业现代化方式，组织农民并建立了农村土地集体所有制，开始了艰难追索的农业现代化之路。这一时期，现代化的内容虽有变动，但农业现代化始终未变，其着力点是加快发展农业生产力和改善农业生产条件，农村耕地、水利等基础设施建设快速推进，农业生产条件得到明显改善。尽管农村现代化也一直进行着相关实践，但始终没有被确立为战略目标。

第二，"三农"问题倒逼自主探索的中国特色农业现代化之路。这一时期，中国在"三农"问题倒逼下自主探索中国特色农业现代化之路，促进了农村生产关系的变革和农村生产力的发展。实现农村现代化是一项长期的艰巨任务。"建设社会主义新农村"的提出，标志着中国将农村现代化纳入国家政策框架设计，但农村现代化仍明显滞后于农业现代化进程。

第三，把握历史，主动、自信求索的中国农业农村现代化道路。这一时期，农业农村现代化进入黄金期，通过主动作为、自信求索，农业农村现代化取得了历史性成就，充分发挥了农业农村"压舱石"作用，为稳定经济社会大局、应对世界百年未有之大变局等赢得了历史主动、战略主动。

（二）农业农村现代化的现实逻辑

1. 中国之问——怎样加快建设农业强国

强国必先强农，农强方能国强。中国作为农业大国，如期建成农业强国，是全面建成社会主义现代化强国的应有之义和重点难点。当前，我国粮食供求仍对国际市场依赖度较高，绿色优质农产品供给不足，稳产保供的基础还不牢固；农业科技仍然存在诸多短板弱项，部分核心种源、高端装备过于依赖进口；新型农业经营主体和服务主体数量偏低；农业面临的外部不稳定性不确定性因素明显增加，风险因素不断积聚；粮食等农产品价格普遍超过国际市场，缺少具有全球资源整合能力的跨国农业企业，竞争力明显不足。怎样加快建设供给保障强、科技装备强、经营体系强、产业韧性强、竞争能力强的农业强国，是亟待回答的"中国之问"。

2. 世界之问——怎样为全球贡献农业农村现代化的中国方案

2022 年，中国农业科技进步贡献率飞速上升，粮食产量再创历史新高，解决了占世界近 20% 人口的吃饭问题。中国农业农村现代化取得举世瞩目的成就，其成功的"基因"有哪些，蕴含了哪些中国智慧，值得深入思考总结。中国农业农村现代化的成功实践，能为世界其他后发实现现代化国家提供哪些可资借鉴的路径和启示，为全球贡献农业农村现代化中国方案，是世界对中国式现代化的期待。

3. 人民之问——怎样满足亿万农民日益增长的美好生活需要

人民日益增长的美好生活需要和不平衡不充分的发展之间的矛盾业已成为新时代中国社会主要矛盾。亿万农民的需求伴随社会主要矛盾的变化也发生了改变，过去主要强调农业增产增收，现在要求发展新产业、新业态实现乡村全面振兴；不仅要求在农村有稳定的就业和收入，满足衣、食、行等基本生活需要，而且要有完善的基础设施、便捷的公共服务、可靠的社会保障、丰富的精神文化活动；不仅要保持农民收入稳定增长，而且要求与城市居民收入差距不断缩小，逐步实现农民农村共同富裕；不仅要求有"好山、好水、好乡风"，还要发展美丽经济、建设美丽乡村、实现美好生活。中国农业是近 2 亿人就业的产业，中国乡村是近 5 亿农民常住的家园，怎样满足数亿农民日益增长的美好生活需要是中国农业农村现代化必须答好的"人民之问"。

4. 时代之问——怎样促进农业农村绿色低碳发展

绿色低碳发展关系到世界安全、人类生存。近年来，世界各地极端天气事件频发，全球气候变暖与温室效应已经成为眼下人类共同面临的最大挑战。农业本底是"绿色"，农村功能之一是供给生态产品、应对气候变化，推动农业农村生产生活绿色化、低碳化。当前，农业资源过度消耗的经营方式尚未根本改变，种养业绿色生产、低碳加工技术滞后，农业面源污染问题突出。绿色低碳发展是全球疫后绿色复苏的唯一正确选择，现代化必须回应农田固碳扩容、种植业节能减排、农机节能减排、畜牧业减排降碳、可再生能源替代等实践命题，中国农业农村现代化必须答好绿色低碳发展的"时代之问"。

二、农业农村现代化的基本内涵

农业农村现代化，农业是"本体"，农民是"主体"，农村是"载体"，农业强、农民富、农村美是农业农村现代化的题中之义。中国农业农村现代化内涵丰富，应科学理解其理论意蕴。

中国农业农村现代化是指农业农村优先发展政策指向下乡村全面振兴、农业强国、农民农村共同富裕多目标兼容并举，农业现代化、农民现代化、农村现代化"三化融合"的现代化；但它并非农业现代化、农民现代化、农村现代化的简单加总，而是由三者有机融合而成的既相互联系、相互交织、融为一体的现代化。农业现代化一般指传统农业向现代农业转型的过程，是从行业角度来界定的，农业涉及产业链、供应链、价值链、创新链等，既包括农村地区的农业现代化，又包括城市地区的涉农企业、农业科技、农业教育的现代化；农民现代化一般指穷困农民向富裕农民转变的过程，是从人的角度来界定的，既包括留居在乡村的农民物质富裕与精神富裕，又包括流动到城市的农民的市民化；农村现代化是落后农村向现代乡村转变的过程，是从空间角度来界定的，核心是乡村独特功能的现代化，主要包括粮食生产和重要农产品供给、生态屏障与生态产品供给、乡村优秀文化与农耕文明传承创新，推动农村从"粮田"变"粮仓"、从"穷山"变"金山"、从"田园"变"乐园"。

"三化融合"的中国农业农村现代化，既有系统性也有各自侧重点。农业现代化侧重于产业体系现代化、生产体系现代化、经营体系现代化，其目标是促进农业优质高效，建成供给保障强、科技装备强、经营体系强、产业韧性强、竞争能力强的农业强国；农民现代化侧重于农民能力现代化和农民生活现代化，其目标是促进农民物质富足和精神富有；农村现代化侧重于乡村基础设施和公共服务现代化、乡村治理体系和治理能力现代化，其目标是建设宜居宜业和美乡村。

科学认识并厘清农业农村现代化、乡村振兴、农业强国、共同富裕之间的辩证关系十分重要。乡村振兴是新时代中国"三农"工作总抓手，农业农村现代化是其总目标；农业农村现代化微观层面目标是实现农民农村共同富裕，宏观层面目标是全面建成农业强国；农业农村现代化是共同富裕的基础，是农业强国的前提，农业农村现代化不必然是农业强国、不必然是农民农村共同富裕，农业农村现代化是农业强国、共同富裕的必要但非充分条件。走城乡融合发展之路是中国农业农村现代化的内在要求，农业农村现代化需跳出"农业农村"，城乡要素双向流动要畅通，新型城镇化和乡村振兴要双轮驱动，县域富民产业发展与乡村产业振兴要同频共振，城市农民工市民化与农村就地过上现代生活要同向发力。

第二节　农业农村现代化建设的意义

"农业农村现代化是中国式现代化的重要组成部分。满足人民美好生活需要、实现高质量发展、夯实国家安全基础，都离不开农业农村发展"。[①] 全面建设社会主义现代化国家，最艰巨最繁重的任务仍然在农村，其中受制于人均资源不足等较多原因，"三农"仍然是经济高质量发展的一个薄弱环节，农业农村现代化建设仍须提高，这是全面推进乡村振兴、加快建设农业强国，加快推进新时代农业农村现代化的重要原因。

第一，农业农村现代化是建设农业强国的必要条件。全面建设社会主义现代化国家，

---

①刘长全. 农业农村现代化是建设农业强国的根基 [J]. 红旗文稿，2023（9）：41.

农业是基础、是支撑，更体现强国建设的速度、质量和成色。只有加快建设农业强国，才能更好满足人民群众丰富多样的粮食和重要农产品需求以及对乡村文化和绿水青山生态的物质和精神需求。纵观世界强国发展史，一个国家要真正强大，必须有强大的农业作支撑。加快建设农业强国，意味着农业发展方式的创新、农业发展进程的提速。推进新时代农业农村现代化，不能照搬国外现代化模式，而是要体现中国特色，立足我国国情，发展生态低碳农业，赓续农耕文明，扎实推进共同富裕。加快建设农业强国，抢抓新一轮科技革命有利时机，不断缩小在核心种源、关键装备等领域的差距，加快实现高水平农业科技自立自强，推动我国农业产业延链、补链、壮链、强链，向价值链中高端迈进。把坚持农民主体地位、增进农民福祉作为农村一切工作的出发点和落脚点，用新发展理念破解"三农"新难题，厚植农业农村发展优势，加大创新驱动力度，推进农业供给侧结构性改革，加快转变农业发展方式，保持农业稳定发展和农民持续增收，走产出高效、产品安全、资源节约、环境友好的农业农村现代化道路。

第二，农业农村现代化是粮食与重要农产品稳定安全供给、满足人民美好生活需要的保障。我国是人口众多的大国，解决好吃饭问题始终是非常重要的。在要素成本趋涨、土地资源有限的情况下，只有通过农业农村现代化不断提高农业劳动生产率、土地产出率和资源利用率，才能有效保障粮食和重要农产品稳定安全供给。通过设施装备的现代化和现代科技的应用，在现有资源条件下提高农业综合生产能力和农业防灾减灾能力，从而增强粮食和重要农产品供给能力、供给韧性。在加强耕地保护和用途管控、严守18亿亩耕地红线的基础上，通过高标准农田和水利设施等建设，实现农业设施条件现代化。通过发展大型智能农机装备、丘陵山区适用小型机械和园艺机械等，推动机械装备和农艺技术的现代化。通过深入实施种业振兴行动加快优良品种的研发和应用。通过现代科技，特别是颠覆性农业技术的发展与应用，扩展农业发展空间。主要基于作物品种、土壤改良技术、精准调控灌溉等技术的创新和应用，使资源、区位等自然条件对农业生产的约束放松，盐碱地区、干旱半干旱地区、北部高寒低积温地区、都市地区等非传统种植空间的农业发展潜力都得到进一步发挥。在效率提升的基础上，通过生产体系、产业体系与经营体系的现代化，提高粮食与重要农产品生产的价值和效益，进一步调动农民在市场条件下务农种粮的积极性。

第三，农业农村现代化是实施乡村振兴战略的总目标。党中央坚持把解决好"三农"问题作为全党工作的重中之重，站在统筹中华民族伟大复兴战略全局和世界百年未有之大变局的高度，引领推进新时代农业农村现代化事业发展，带领全党全国各族人民为农业强、农村美、农民富不懈奋斗。加快实现农业农村现代化，当前首要任务是抓好乡村振兴。要把加快农业农村现代化作为全面推进乡村振兴的重大战略任务，推动农业全面升级，带动农村全面发展，促进农民全面进步。

第四，农业农村现代化是农业低碳绿色发展的基础。推进农业农村现代化必须强化退化耕地治理，提高农业用水效率，保护农业生物资源，降低农业资源利用强度。推进化肥农药减量增效，促进畜禽粪污、秸秆、废旧农膜资源化利用，净化产地环境。坚持山水林田湖草沙一体化保护和系统治理，实施好长江十年禁渔，推进长江经济带、黄河流域等重点区域生态环境保护。深入推进农业品种培优、品质提升、品牌打造和标准化生产，建立健全生态产品价值实现机制，提升农村生态系统碳汇能力。只有通过农业现代化才能实现绿色发展目标。通过精准农业、清洁生产、绿色投入等技术创新以及循环经济生产模式的建立，实现化肥农药投入、碳排放的减量和粪污、秸秆等农业废弃物资源化利用水平的提升，在资源精准利用、高效利用的情况下实现农业生产与自然之间的和谐共生。

第三节　中国式农村现代化道路探索

实现中国式农村现代化，先要认清其基本特征，它具有农村人口规模大、广大农民期盼共同富裕、物质文明和精神文明全面协调发展、人与自然高度融合的"中国特色"。

一、巩固脱贫攻坚成果是实现中国式农村现代化的基础

进入新时代，由于历史和自然条件因素，我国相当多已经摆脱贫困的地区和群众发展基础依然较为脆弱，遇到自然灾害或者其他不确定意外发生，随时会返贫。同时，脱贫攻坚成果得不到巩固，推进乡村振兴就必然面临不少难题。实现农村现代化的前提和基础就是要扎实巩固脱贫成果，在脱贫的基础上，实施乡村全面振兴的各项举措。对有可能返贫的地区和群体实行动态监测，密切关注群众的收支情况、坚持预防和帮扶结合，守住不发生集体性、规模性返贫这一红线。

第一，增强脱贫地区和脱贫群众内生动力，进一步弘扬脱贫攻坚精神，凝心聚力朝着既定目标奋进。"各地区各部门要结合本地实情，积极探索各类资金使用方式，建立健全公平有效的奖励激励制度，最大限度调动脱贫群众的积极性，充分挖掘他们期盼美好生活的强大发展动力"。[①] 对于配套类补贴发放，要坚持勤劳多补、不劳不补原则，例如对农村的种植业和养殖业家庭，根据种植农作物面积和饲养家禽家畜的数量规模进行差别化补

---

①王兴仓. 新时代中国式农村现代化实现的路径选择 [J]. 现代商贸工业，2023，44 (21)：21.

贴，这样对脱贫家庭来说，既能激发他们通过劳动就能致富的内在动力，又能起到榜样带头作用，从而在脱贫地区脱贫群众中形成人人辛勤劳动、家家劳动致富的良好风尚。

第二，针对脱贫群众的定点帮扶政策需进一步完善。在保障国家财政专项资金落实到位的基础上，各个脱贫地区政府要加大力度，积极筹措配套资金，统筹做好衔接资金使用方向，制定资金分配使用规章制度，充分落实国家的扶贫脱贫政策部署。提高资金的利用效率，把资金用于重点产业以及阻碍制约发展的急需建设的基础设施。同时，对那些自然环境恶劣、不适合生存发展的贫困帮扶地区、易地扶贫搬迁的群众更要财政倾斜扶持。各地方政府要抓住国家的政策机遇，把国家用于巩固脱贫攻坚成果的专项资金和落实乡村振兴项目投资相结合，形成多方投入合力。

第三，实施脱贫地区乡村振兴才是真正出路。致富才能彻底脱贫，脱贫攻坚战的伟大胜利使广大贫困地区发生了翻天覆地的变化，为接下来实施乡村振兴奠定了坚实基础。在脱贫地区继续发力，改善当地基础设施条件，完善公共服务水平，为脱贫地区进一步发展创造更加优化的条件。中国特色社会主义的制度优势就是能集中力量办大事，脱贫地区全面振兴离不开各方力量的通力合作与广泛支持。

第四，对农村低收入群体实施动态监测，精准帮扶。针对不同人群采取不同的帮扶措施，对有劳动力的家庭，主要是进行产业指导和技术支持，以提高就业创业机会和增加家庭收入为目的。对劳动力短缺或者身患疾病的残疾人家庭，只能依靠社会保障兜底，让他们生活无忧，享受社会主义国家发展进步福祉。

巩固脱贫攻坚成果，继续发力，逐条逐项落实中央制定的乡村振兴政策措施，任务艰巨，意义重大。加速脱贫地区乡村全面振兴步伐，促进农业高质高效、乡村宜居宜业、农民富裕富足，让脱贫群众生活越来越好，朝着逐步实现共同富裕的目标继续前进。

二、走高质量发展道路是实现农村现代化的必然要求

高质量发展对能否巩固脱贫攻坚成果、能否振兴乡村意义重大，它直接关系到共同富裕和第二个百年奋斗目标的实现，关系到全面建设社会主义现代化国家大局。我国是一个农业大国，要实现我国经济的高质量发展，重点是发展农业，并解决新时期的"三农"问题，而新时期解决"三农"问题的关键是走高质量发展之路。

第一，发展现代农业，促进农村高质量发展。发展现代农业的主要目标是实现农业的现代化，加大农业的科技力量投入，解决农业发展的用水问题、土地资源短缺问题、劳动力投入较大问题等。实现农业机械化是发展农业现代化的基础，加大科技创新投入，实现农业生产、加工等程序的机械化，提高农业生产率。

第二，加强人才的培养，促进农业高质量发展。我国存在着高素质农业劳动力不足和低素质劳动力过剩的问题，解决这一问题的关键是培育一批爱农业、懂技术、善经营、会管理的新型职业农民。加强农民就业体系建设，引进高素质的人才投入农业经济发展，鼓励大学生返乡就业，支持农民工返乡创业，引进大型企业进入农村，从而进一步提高农民的素质和技能，为促进农村高质量发展夯实基础。

第三，促进城乡融合发展，促进农村高质量发展。城乡融合发展，一是探索新的户籍制度改革，为进城务工农民保留原有的户籍，不要因为进城务工而取消农村户籍；二是进一步深化农村土地制度改革，允许进城务工农民将闲置的土地进行流转，进一步落实土地的"三权"分置；三是着力解决进城务工农民的子女教育问题和养老问题，为他们排忧解难。

第四，促进农业高质量发展，需要政策支持作保障。农业的高质量发展，生产是重要的一环，更重要的是农产品的仓储与销售，这就需要各地政府建立完善的农产品仓储体系，并进行价格调控，稳定农产品的收购价格，最大限度地保护种粮农民的劳动收益，为农业的高质量发展保驾护航。

在"互联网+"的时代背景下，以特色农副产品产销为"切入点"，通过加大生态环境保护力度，深入挖掘产业资源、生态资源和旅游资源等优势，更好地将乡村特色农副产品的产销与农旅、文旅产业更紧密地结合起来，形成具有鲜明地域特色、生态特色和乡土特色的乡村产业，无论是吸引更多消费者，还是发展壮大特色产业、推动乡村振兴高质量发展，都是非常好的实现路径。我们必须认识到，当前和今后一个时期，国内外环境发生了深刻而复杂的变化，我国农业农村发展仍面临一些矛盾和挑战。我们要立足国情农情特点、农业产业特性、乡村地域特征，因地制宜做好农业农村发展突出矛盾和挑战化解工作，为实现高质量发展提供稳定的基础保障。

三、落实乡村振兴政策措施是实现农村现代化的重要保障

落实乡村振兴政策措施的指导思想是坚持以人民为中心的发展思想，在新的发展阶段，落实新发展理念，科学构建新发展格局，按照高质量发展的具体要求，着力推动实施乡村建设行动，健全党组织领导的乡村治理体系，加强农村社区治理和服务体系建设，不断满足人民对美好生活的期盼，切实增强人民群众的获得感、幸福感、安全感。基本原则是：坚持党建引领。有效发挥党员先锋模范作用和基层党组织领导社区建设治理的战斗堡垒作用。坚持群众主体。践行党的群众路线，发挥人民群众的主体作用，激发群众内生动力，调动群众参与的积极性、主动性、创造性，共同建设美好家园。

实施乡村振兴战略，关键是要把政策措施落实到位。首先，培育壮大乡村产业，拓宽农民增收致富渠道。大力发展乡村特色经营。做大做强农产品深度加工，增加附加值，同时，提高流通业服务水平。因地制宜，培育具有竞争优势的特色产业。推进农村创业创新。其次，统筹推进乡村建设，健全推进机制。细化乡村建设行动专项推进方案，协调推进村庄规划编制，统筹推进农村道路、农村供水、数字乡村等基础设施建设。再次，整治提升农村人居环境。扎实开展农村人居环境整治提升行动，整体提升村容村貌。最后，加强农村精神文明建设。持续推进和组织开展农村移风易俗宣教活动。

乡村振兴，关键是产业要振兴。要牢固树立新发展理念，科学调整农业结构，全面升级农村产业化水平，加快构建现代农业综合体系。大力提升改造农村普惠性基础设施条件，要把更多的资金用在补上基础设施这个短板上。乡村产业振兴，关键是培养和使用好人才。建立全面、协调、可持续发展人才机制，使各类人才、各方人才、各层级人才进得来、留得住、发展得好，形成乡村振兴人才优势和根本保障。尤其要培养具有技术技能的职业农民大军，他们是乡村振兴的中坚力量。大力开展人居环境整治工作，农民是维护农村人居环境整治成果的主体。要加强宣传、教育和引导，不断提高文明素质，牢固树立环保意识，培养健康文明生活方式。

第二章

现代化新农村建设的文化向度

第一节　新农村文化建设的重要意义

文化建设是我国社会主义新形势下新农村建设发展的重点，国家大力提倡新农村建设并做出全面战略部署，提出要构建农村生产高效、生活富裕、乡风文明、村容整洁以及管理民主的农村社会蓝图。由此可知，建设发展我国新农村是一个全面系统化的复杂过程，不仅包含了农村经济建设的各项内容，还要打好农村文化建设的牢固根基。既要实现新农村各项目的综合治理，还要塑造新农村精神文明的和谐环境，要将新农村文化建设融入新农村建设的各个方面和角落，使之相辅相成、相互促进。

一、新农村文化建设是促进农村现代化发展的精神动力

"社会得以发展的根本动力来源于不竭的生产力，而人对社会生产力起到决定性作用"[①]。世界的演变和发展是人类文明助推的成果，文化始终是激励和引导人们向前奋斗的领航标，在社会体系中起到统一认知、振奋人心、凝聚力量、鼓舞精神的特殊作用，以此助推社会经济、政治文明的协调发展，成为现代社会发展的精神驱动力。因此，没有相应的文化背景作为依托就难以实现真正的现代化发展，只有强化新农村文化建设，为我国农村的健康可持续发展提供必要的精神动力与思想支持，才能让农村文化切实转化为建设新农村的一项软实力。

二、新农村文化建设是塑造社会主义新风尚的引导动力

在我国新农村文化建设中，构建文明乡风是重要任务之一，同时也是当前社会精神文明建设的衔接点。影响构建文明乡风的因素具体表现为农民群众思想观念落后、道德规范

---

①陈强，袁宙琴. 新农村文化建设的困境与发展对策探讨［J］山西农经，2022（11）：34.

缺乏、文化修养低下、行为操守不规范以及科学知识匮乏等。因此，强化新农村文化建设，大力弘扬新时代精神风貌，严厉整治各种不合规的陋习旧俗，必然是当前我国新农村文化建设的一项艰巨任务。建设美好新农村，并非只是在农业生产上进行现代化改革，还需要大力促进农民群众的价值观念、生活理念得到改观，这样才能在农村建设中普及社会主义新风尚。

三、新农村文化建设有利于丰富农民群众精神文化生活

随着农村经济建设的推进，农民群众的经济条件越来越好，因此也就具备了相应的文化消费能力。然而，农民群众的精神文化生活却较为匮乏，农村对健康有益的文化项目很少，精神文化生活空虚，日常休闲娱乐方式主要为看电视、听广播、串门闲聊、打牌消遣等。在帮助农民群众提高物质基础的同时，还应切实丰富他们的精神文化，不断强化新农村文化建设，通过行之有效的措施提高农民群众的精神文化层次。

四、新农村文化建设促进农民群众文化素质的整体提升

近年来，我国城乡分割造成城乡二元发展不平衡现象，农村经济、文化建设与城市地区相比差距较大。尽管目前我国农民群众的整体素质有所提升，但是客观来讲农民这一群体仍然有文化水平低、思想观念落后、法治意识淡薄等问题。广大农民群众是我国新农村建设的主力军，唯有农民自身的文化素养提高、法治意识增强，摒弃落后的思想观念，才能真正有效地参与到新农村建设中来。

第二节　新农村文化建设的目标、方针与原则

一、新农村文化建设的目标

"新农村文化建设是一个综合性的系统工程，它包含思想道德建设、精神文明建设、教育文化建设、科学技术建设等各个方面，而文化建设作为承载思想、培养情操、传播知识、提供消遣、美化生活、丰富人生等方面的重要工具，在繁荣农村经济、促进农村社会进步方面具有不可替代的作用"[①]。

近年来，党和政府对文化事业在社会主义新农村建设中的重要性的认识进一步深化，

[①]黄生成. 中国新农村文化建设研究［M］. 北京：中国政法大学出版社，2017：113.

从提升国家软实力的高度认识文化建设，这是中国共产党人对公共文化事业认识的一次质的飞跃。把公共文化服务均等化作为实现和保障农民基本文化权益的主要途径，覆盖全社会的普遍均等、惠及全民的公共文化服务体系建设取得了显著成效，"全国文化信息资源共享工程""送书下乡工程""乡镇综合文化站建设"等国家重大文化工程的实施，有力地改善了农村文化基础设施、文化产品供给和服务的水平。在农村广袤的地域上，非物质文化遗产蕴藏丰富，积淀深厚，传承活跃，传承机制稳定持久，优秀传统文化延续健康发展。在社会主义新农村建设中，优秀传统文化仍旧发挥着重大作用。广大农民群众世世代代创造和享用的民间口头传说、音乐、舞蹈、戏剧等表演艺术，礼仪、习俗和节庆活动，有关自然界和宇宙的知识，传统手工艺等，都是极其宝贵的精神财富，这使他们在生活中充满了幸福感和成就感，不仅是他们才智、价值观、道德观的体现，也是他们和谐共处的媒介、处理人与自然亲善关系的精神纽带。新农村文化建设的目标具体包括以下三个方面。

（一）通过基础设施提升公共文化服务水平

由于受经济条件、地理位置等因素的制约，我国农村文化基础设施建设滞后，公共文化服务的水平较低；农民日益增长的精神文化需要同落后的文化生产力之间的矛盾更加突出，农民的文化需求未能得到有效满足。所以，必须把加强农村文化基础设施建设作为重点，切实加大投入，以政府投入为主，整合社会力量参与建设，逐步建立国家、集体、个人、社会相结合的多渠道投入体系，逐步改变群众文化活动场地、设备、器材和现代传媒、网络等硬件设施严重不足的状态。应当变"蜻蜓点水"式的"送文化"为实实在在的"建基础"，多给予物和资的投入，以"硬"托"软"。不断完善公共文化设施网络布局，以大型公共文化设施为骨干，以社区和乡镇基层文化设施为基础，优先安排关系广大农民群众切身文化权益的设施建设，加强图书馆、博物馆、文化馆、美术馆、电台、电视台、广播电视发射转播台、互联网公共信息服务点等公共文化基础设施建设。

县级图书馆、文化馆，乡镇文化站及村文化室，是农村基层重要的文化设施网络和活动阵地。乡镇可结合乡镇机构改革和站所整合，组建集图书阅读、广播影视、宣传教育、文艺演出、科技推广、科普培训、体育和青少年校外活动等于一体的综合性文化站，配备专职人员管理。村文化活动室可"一室多用"，明确由一名村干部具体负责。充分发挥农村中小学在开展农村文化活动方面的作用，提倡中小学图书室、电子阅览室定时就近向农民群众开放，把中小学校建成宣传、文化、信息中心。在欠发达地区配备必需的设备，完成对农村危旧公共文化设施的改造，基本实现全国乡镇均建有综合文化站。对西部及其他老少边穷等地广人稀适宜开展流动服务的地区，设立流动综合文化服务车，配备流动文化服务车、流动电影放映车，开展集影视放映、文艺演出、图片展览、图书销售和借阅、科技宣传于一体的流动文化服务，形成灵活、多样、方便的文化服务体系。

不断完善广播电视"村村通"工程。完善农村广播电视公共服务覆盖体系，以提高广播电视节目入户率为重点，充分利用无线、卫星、有线、微波等多种手段，全面推进广播电视由模拟向数字化转换，积极发展多种形式的新兴传播载体，推进广播电视进村入户，为广大农村地区提供套数更多、质量更好的广播电视节目。努力做好农村接收广播电视的服务工作，加强各级广播电视无线发射转播台的维护，更新设备，保障正常运行。同时，积极探索适合当地实际的运行服务机制，确保"村村通"长期有效运行。

加快建设文化信息资源共享工程，开展农村数字化文化信息服务。文化信息资源共享工程是充分利用现代高新技术手段，将中华民族上下几千年积淀的各种类型的文化信息资源精华以及贴近大众生活的现代社会文化信息资源，进行数字化加工处理与整合，建成互联网上的中华文化信息中心和网络中心，并通过覆盖全国所有省、自治区、直辖市和大部分地市县以及部分乡镇、街道（社区）的文化信息资源网络传播系统，实现优秀文化信息在全国范围内的共建共享。文化信息资源共享工程要与农村文化设施建设统筹规划、综合利用，使县图书馆、文化馆和乡镇综合文化站、村文化活动室逐步具备提供数字化文化信息服务的能力，以便更好地为广大农民群众服务。

实施好"农家书屋"工程。该工程是通过加大政府投入和充分调动社会各方面力量，切实解决农民群众"买书难、借书难、看书难"问题，实现好、维护好、发展好农民群众的基本文化权益。"农家书屋"工程是一项由政府统一规划和组织实施的利国惠民工程，是农村文化建设的基础性工程，要按照"政府资助建设、鼓励社会捐助、农民自我管理、市场运作发展"的要求，支持农民群众开办"农家书屋"。

（二）建立健全的现代农村文化建设长效机制

1. 建立健全农村文化管理体制

农村文化改革发展的新形势对文化管理体制提出了新要求：一是加强和改进党对农村文化工作的领导，发挥政府的主导作用，加强对公共文化机构的指导、监督，创新文化管理方式，既体现政府的有效作为，发挥政府的主导性，又充分发挥社会的积极性。在区分公益性和经营性的基础上，用开放的、社会化的理念管理农村文化建设，既不能"弃之不管"，也不能"一转了之"。二是推动文化行政管理部门由办文化为主向以管文化为主转变，由微观管理向宏观管理转变，由主要面向直属单位向基层农村转变，不该由政府管理的事项坚决转移出去，该由政府管理的事项切实管好，以便更好地履行政策调节、市场监管、社会管理和公共服务的职能。县级文化主管部门和乡镇政府在农村文化建设中的主导作用则应体现在文化活动的采购、文化遗产的保护、文化阵地与设施建设以及文化市场管理上。三是进一步理顺政府部门与文化单位的关系，探索建立统一的文化市场综合执法机构，强化政策调节、市场监管、社会管理和公共服务的职能，切实提高管理效能。

2. 建立健全农村文化运行机制

首先，农村文化建设要根据当地的经济条件和现有可利用的文化设施资源状况，结合当地的人文风俗、经济特点、文化发展状况、农民需求和文化建设目标进行统筹规划，既要考虑到农民的现实需求，又要考虑当地可供利用的资源和经费状况，尽量利用现有资源，做到节俭办事。其次，由党组织牵头，构建乡镇、村社有机联系的文化网络体系，充分发挥农村各种组织和能人的作用，积极组织开展农民群众喜闻乐见的文化活动，保证这些活动有场所、有引导、有组织，同时也能使农民群众对它们产生兴趣。为保证活动的经常性，要形成各种活动的骨干队伍，使农村中有文化专长的人员成为体系中的中坚力量，带动和培训一批积极分子，奠定能使活动长期持续开展的人才基础。注重乡土文化活动项目的开展，把乡土文化活动和发展旅游经济、农村文化结合起来。引进新的文化活动项目，丰富农民群众的多层次文化需求。活动的经常性要融入农民日常的生产生活实际中，在日常的生产生活中渗透文化建设，尽可能发挥文化"潜移默化""润物细无声"的道德教化功能。

3. 建立健全农村文化保障机制

农村文化建设需要强大的保障体系予以支撑，既要有物质支持，又要有政策支持，还要有业务支持和舆论支持。物质支持就是各级党委、政府、村社的资金投入以及通过其他渠道获得或创造的物质支持。为此，政府应完善投入机制，建立和完善以政府投入为主、多元融资为辅的农村文化设施建设投资机制，省、市、县三级应设立农村文化建设的专项资金，明确农村文化设施建设、配套设备及其维修、文化馆（站）活动、图书馆购书等经费硬性指标，逐步加大对农村文化建设的资金投入，确保农村文化事业经费的增长不低于同期财政收入的增长幅度。政策支持是通过政策的调节，确保农村文化建设有一个相对稳定的政策基础和政策保障。业务支持主要是对县级群众文化工作单位的业务指导、人才培养、活动引领、经验导向方面的支持。舆论支持是相关媒体要形成良好的舆论氛围，加强对农村文化建设的报道和宣传，为农村文化建设呼吁、鼓劲、助威。

（三）着力提高现代农民素质和农村文明程度

农民既是农业生产的主体，也是农村文化建设的主体。发展农村文化，建设社会主义新农村，关键和核心就是要迅速提高广大农民的思想道德素质和科学文化素质。首先，加强对农民的思想道德教育。这必须与大力发展农村生产力、推进农村民主法治建设等有机结合起来。积极宣传党的路线、方针、政策，大力推进爱国主义、集体主义、社会主义教育，使广大农民坚定走中国特色社会主义道路的信念；引导农民发扬顾全大局、互助友爱和扶危济困的精神，正确处理国家、集体、个人三者的关系，自觉履行应尽的义务。其次，转变农民的思想观念。培育符合发展的开放观、市场观、竞争观，让农民尊重科学、懂得科学、自觉创造，运用科学手段发展经济；培养农民的法治观念、平等观念、契约观念，激发农民致富的热情且懂得致富的法宝；采取不同方式引导农民转变因循守旧、小富即安等传统落后的小农意识，逐步形成适合于农业现代化建设需要的思想道德和价值观念。最后，加强对农民的技能培训。加大实用技术和致富技术的培训，向农民传授经济林果业的栽培技术、各种饲养技术、病虫害和自然灾害的防治技术，提高科技成果在农业中的运用效果和普及程度，真正让农民掌握一些农业技术，进而掌握致富的本领，使农民尽快致富。通过教育和培训，使农民真正成为有文化、懂技术、善经营、会管理的新型农民。

在农村开展"告别陋习，走向文明"的常态化活动，使农民的精神面貌发生显著变化，农村文明程度不断提高，农村社会更加和谐稳定。美化家园，加大环境治理力度，避免"脏、乱、差"不文明现象，家家户户养成讲卫生的良好习惯。组织专家到农村举办《公民道德建设实施纲要》讲座，倡导文明从我做起，深入开展文明乡村创建活动。广泛开展文化、科技、卫生"三下乡"活动，动员广大农民群众告别陈规陋习和不良生活方式。

二、新农村文化建设的方针

农村文化建设服从于中国特色社会主义文化建设大局，农村文化建设自然也必须坚持弘扬主旋律、提倡多样化的方针，促进社会主义新农村文化的大发展大繁荣。弘扬主旋律的本质是，在中国特色社会主义理论体系和党的基本路线指导下，大力倡导一切有利于改革开放和现代化建设的思想和精神，大力倡导一切有利于发扬爱国主义、集体主义、社会主义的思想和精神，大力倡导一切用诚实劳动争取美好生活的思想和精神。弘扬主旋律、提倡多样化是对新农村文化建设方针的坚持、丰富和发展。

建设社会主义新农村文化，必须坚持社会主义先进文化的前进方向，树立新的文化发展观；坚持优化资源配置，凝聚各方力量，形成合力；坚持实施项目带动，大力培育文化精品品牌；坚持开发与保护并举，实现文化的可持续发展。

三、新农村文化建设的原则

我们建设的农村文化是中国特色社会主义新农村文化，应顺应时代发展需要，朝着符合绝大多数农民根本利益的方向，坚持如下三项基本原则。

（一）以人为本的原则

以人为本，就是指通过发展实现人的价值，表现人的尊严，体现人性的关怀。具体而言，以人为本就是：一要不断满足人民群众物质文化生活的需要，不断提高生活水平，让发展的成果惠及全体中国人民；二要尊重和保障人权，切实保障人民群众的经济、政治和文化权益；三要不断提高人们的思想道德素质、科学文化素质和健康素质；四要创造人民平等发展、充分发挥聪明才智的社会环境。

社会主义新农村文化建设面向基层、面向农民群众，坚持以人为本，是提高农民群众生活质量、实现和保障农民基本文化权益的必然要求。积极构建布局合理、设施完善、功能齐全、服务方便的公共文化服务体系，实现工作重点下移、文化资源下移和文化服务下移，进一步满足基层农民群众的精神文化生活需求。

（二）多予、少取、放活的原则

"多予、少取、放活"是党中央提出的建设社会主义新农村的战略决策，也是社会主义新农村文化建设应坚持的主要原则之一。"多予"，就是要加大对农村文化建设的资金投入，加强农村公共文化基础设施建设，建立健全社会主义新农村文化发展、文化权益的保障体系，巩固和壮大社会主义新农村文化发展的组织基础。"少取"，就是要在巩固现有成果的基础上，创造条件减轻农民负担，最终实现城乡文化权益的统一。"放活"，就是要为农村文化松绑，消除体制束缚和政策障碍，解放文化生产力，在政府主导和市场机制的双重作用下，激发全社会各方面力量参与社会主义新农村文化建设的积极性，充分发挥广大农民群众创造新文化的主动性。

（三）地域特色的原则

地域特色原则，是指在建设社会主义新农村文化的过程中，根据当地农村独具特色的地域文化特征，因地制宜，走出适合本地农村文化发展的新路，防止不切实际地照搬照套，采取同一种模式。

中国是一个农业大国，由于各个村落分布区域的不同而具有独特的自然环境和人文环境，尤其在文化方面，已形成独具特色的地域文化。遵循地域特色原则，就是要挖掘和展示地方特色，打造具有地方特色的文化品牌，发展富有浓郁地方特色和蓬勃活力的内生型文化，不断推进社会主义新农村文化向前发展。

第三节　新农村文化建设的核心内容

确保农民共享社会文化发展成果的农村公共文化服务体系建设是当前社会主义新农村文化建设的重要内容之一。随着构建社会主义和谐社会等一系列指导思想的日益成熟以及建设社会主义新农村与解放文化生产力等相关政策的陆续出台，作为公共文化服务体系中最薄弱的环节，社会主义新农村建设背景下的农村公共文化服务体系建设，已经成为一个重要的、越来越受到广泛关注的民权和民生议题。

一、农村公共文化服务体系的建设

所谓农村公共文化服务体系建设，指的是由政府主导，以公共财政为主要依托，以满足广大农民群众基本文化需求、保障广大农民群众基本文化权益为目的，而开展实施的各类文化实践活动的总和，这一概念的界定表明，农村公共文化服务体系建设是农村文化建设这一宏大系统工程的主体部分和主要内容，而非农村文化建设的全部，因为农村文化建设还包括更丰富的内容。例如，在广大农村地区还存在着种种由企业或农民个体等主体出资举办的文化设施和文化活动，它们就不属于农村公共文化建设的范畴，而属于农民自创文化或社会参与农村文化建设的范畴。此外，农村公共文化服务体系，与农村公共文化建设这一较早出现的概念相比，两者的内涵基本一致，区别主要在于前者突出了建设服务型政府的语境和农民权利主体的本位。

（一）农村公共文化服务体系建设的意义

1. 保障农民群众基本文化权益的落实

农村文化建设的根本目的是满足农民群众日益增长的精神文化生活需要，促进人的全面发展。人的全面发展既是一个理想境界，又是一个现实的历史演进过程。农村公共文化建设的现实功能是实现农村公民基本文化权利、提高农村公民综合素质和能力、提升农民精神境界和精神风貌、促进人的全面发展的重要路径。保障公民享有基本文化权利是宪法赋予公民的一项基本权利。农村公民应当同城市公民一样，享有公共文化服务和基本的文化生活。这是强调"以人为本"和"人的全面发展"的题中应有之义。

因此，加快建立覆盖全社会，尤其是基层和农村的公共文化服务体系，大力实施政府主导的农村公共文化建设，不仅是实现好、维护好、发展好广大农民群众基本文化权益的主要途径，也是为了不断满足农民群众日益增长的精神文化需求，为广大农民群众提供足够的公共文化产品和服务，并实现公共文化服务的城乡区域公平化和不同群体之间的公平化。对政府来说，这也是其建设公共服务型政府的应有之义。

2. 培育新型农民、确保社会主义新农村建设的内在需要

社会主义新农村建设是党中央在新的历史条件下提出的重大战略。在这一战略的实施过程中，最重要的问题和核心的环节莫过于培育"有文化、懂技术、会经营"的新型农民，这是由于广大农民群众是社会主义新农村建设的主体，只有不断提高广大农民群众的思想道德和科学文化素质，不断发展农民群众的精神资本和人力资本，才能真正实现生产发展、生活宽裕、乡风文明、村容整洁、管理民主的目标，而这也就对农村公共文化建设提出了迫切的要求。从一定意义上讲，农村公共文化建设就是一项综合性的农民素质提升工程，因为，无论是文化站、文化活动室等基本文化阵地设施，还是影视广播、各类书刊、借助网络传输的各类文化信息资源，或是组织开展的各类文化活动，其目标指向都是增加农民群众的文化知识，增长农民群众的生产生活技能，引导农民群众树立新的正确的思想观念和行为习惯，即促进农民群众知识、技能和价值观等各个层面的文化的优化与提升。换言之，农村公共文化建设始终以促进农民文化素质的提高为目标，总是在不同程度地起着推进社会主义新农村建设的巨大作用。现实生活中，诸如农民群众借助文化信息资源共享工程学会了许多农业实用技术，获得了许多有价值的市场信息等一个个实例，也为此提供了生动注脚。就此而言，大力实施农村公共文化建设，可谓培育新型农民、持续顺利进行社会主义新农村建设的内在需要。

3. 化解农村社会矛盾、构建农村和谐社会的有效途径

和谐的农村社会必须是一个邻里关系和谐、情感亲密深厚的社会。为了促进相互信任、相互慰藉、守望相助、亲密和谐的社区邻里关系的形成，必须高度重视农村公共文化建设。丰富健康的农村公共文化生活，可以为邻里提供许多共享闲暇、沟通信息、交流情感与合作互助的机会和平台，而社会成员之间的沟通交流与合作互助的机会越多，彼此的

矛盾和冲突就会越少，感情关系就越融洽。此外，农村和谐社会的构建还离不开社会成员共同价值观的引导和规范，而为了减少村庄的不良言行和内部冲突，就必须重视农村公共文化建设。这是因为，农村公共文化建设是一个促进农民群众彼此的认识、观念、情感频繁交流互动的过程，是一个以先进的主流文化引领、改造和同化其他非主流文化的过程，因而，农村公共文化建设的推进，必然有助于农村社区内部共同价值观和正确村庄舆论的形成，进而有助于村民之间的和睦相处，有助于对某些重大问题达成共识，促成彼此的集体行动。

4. 传播社会主义先进文化、巩固党在农村地区执政基础的客观需要

农村公共文化建设作为政府主导的公益性文化实践活动，其宗旨之一就是传播社会主义先进文化，就是依托公共财政，借助广播电视"村村通"、文化信息资源共享等系列公共文化服务工程，为广大农民群众提供丰富多彩、健康有益的精神文化产品，满足他们的基本文化需求，并逐步确立他们对社会主义先进文化的认同和接受，进而确立他们对党的领导和坚决拥护。正是由于农村公共文化建设与传播社会主义先进文化、巩固党的执政基础有着如此密切的关联，由于前者是后者的有效途径和重要基础，因而在我国农村的现实生活中处处可以发现，一个地方的公共文化事业越发达，当地的乡风就越文明，当地的党群关系就越和谐。

5. 是保护农村非物质文化遗产、繁荣社会主义文化的必然要求

近年来，由于保护中国传统节日运动、举办国家文化年等一系列文化事件的影响，随着国家和省市级非物质文化遗产名录的陆续颁布、中国"文化遗产日"的确立，越来越多的中国民众对非物质文化遗产事关国家文化安全、中华文化创造力和文化多样性等问题有了深切的认同，对我国的非物质文化遗产的保护寄予了高度的关注和殷切的期望。由于各类非物质文化遗产的代表是集合性的、较大数量的人，非物质文化遗产的所有权和受益权主体往往大于直接传承群体，因而非物质文化遗产具有明显的公共文化特征。非物质文化遗产不仅由各级政府及其文化主管部门来主张和申报，并由上级政府正式确认和给予一定的公共资源支持，这一系列事实都充分表明了非物质文化遗产的公共文化特性。反之，为了保护我国丰富的非物质文化遗产，进而为繁荣社会主义文化、保护国家文化安全、保护文化多样性和增强我国文化创造力做出贡献，就必须加强我国的公共文化建设，尤其是农村公共文化建设，这是因为大多数非物质文化遗产的传播范围是农村，大多数非物质文化遗产的传承者在农村，从这个角度来说，农村公共文化建设无疑是保护非物质文化遗产、繁荣社会主义文化的必然要求。

（二）农村公共文化服务体系建设的特征

一般而言，农村公共文化服务体系建设具有三方面的基本特征，即主体的政府主导性、对象的平等性和开放性、内容的公益性和系统性。

1. 主体的政府主导性特征

主体的政府主导性特征意味着，农村公共文化建设必须由政府承担资金投入、规划制定、管理监督等责任，各类文化产品和服务应主要由政府通过公共财政的途径提供。农村公共文化建设之所以在主体方面具有政府主导性的特征，主要是因为农村公共文化建设中的各类文化产品和服务具有公共产品的性质，所以不能由以营利为目的的企业以及非政府组织、非营利组织来承担主要的资金投入责任，而必须由代表社会公共利益、承担公共服务职能的政府主导，由政府担负起资金投入的主要责任。当然，主导不是唯一，政府主导并不意味着拒绝和排斥其他社会力量的参与，相反，农村公共文化建设同样需要其他社会主体的积极参与和贡献，事实上也为各种社会力量参与农村公共文化建设、履行社会责任、实现自身价值提供了机会和可能。

2. 对象的平等性和开放性特征

对象的平等性和开放性特征指的是，农村公共文化建设中的各类文化产品和服务应该向所有人免费开放，每位村民都有权享受和参与。农村公共文化建设是由政府主导，以公共财政为主要依托，为普及基本文化知识、满足农民的基本文化需求而实施的，对提升整个民族的文化素质、确保国家意识形态的领导具有显著的正外部效应，因而农村公共文化建设中的各类文化产品和服务属于公共产品之列，并相应地具有免费和开放的特征，是无疑之事。倘若有乡镇文化站实行收费准入、有偿服务的做法，那自然有违农村公共文化建设的宗旨和本质。当然，如果某些公共文化服务机构的个别服务项目或其他某些公共文化产品的生产和提供成本过高，并无法内部消化，那么，适当地收取某些费用，实行微薄的有偿服务也是可以的。例如，文化信息资源共享工程的基层站点，以及乡镇文化站中的图书阅览室，便可对享受政府该项公共文化服务的农民一次性收取办证的成本费。不过，从本质意义上及长远角度看，农村各类公共文化产品和服务实行无偿提供、免费开放的做法是必需的，同时也是必然的。此外，对象的平等性与开放性这一特征也要求在确定和选择农村公共文化建设的主体和受众的过程中，不应对本地人与外地人、城里人与乡里人加以区分，这是因为，如果这样做，那就直接背离了农村公共文化建设的宗旨，在实践中也是极为有害的。

3. 内容的公益性和系统性特征

公益性从内涵方面来看，指的是在农村公共文化建设中，各类文化产品和服务的内容必须健康有益，符合广大农民群众根本利益和国家长远利益的需要。农村公共文化建设的内容之所以具有公益性的特征，主要是因为农村公共文化建设是由代表着全体人民根本利益的政府所主导，以国家的公共财政作依托，因而必须并尽可能做到超脱某些小群体或个人狭隘的利益需要，而从整个国家和民族的根本利益以及整个社会的长远发展的角度，进行文化产品的生产和文化活动的组织。正是基于农村公共文化建设的这一特征，故而乡镇文化站和村文化活动室，就不会给各类不健康的读物留有余地；政府组织的送电影下乡，就不能将不好的影片放映给农民群众观看，因为这些文化产品首先不符合公益性的要求，与农村公共文化建设的宗旨相悖。

至于系统性，则是从外延上讲的，它要求农村公共文化建设中的各类文化产品和服务应该具有各种形式，能满足农民群众多方面的精神文化需求。例如，中央已经确定实施的广播电视"村村通"、全国文化信息资源共享、乡镇综合文化站和基层文化阵地建设、农村电影放映、农家书屋建设五大农村公共文化服务工程，就涵盖了电影、电视、广播、图书、戏剧、歌曲等多种内容，满足了农民群众有电影和电视看、有书报读、有文化艺术可欣赏、有文化活动可参加等多方面的基本文化需求。系统性特征主要源于农村公共文化建设目标指向群体或受益对象——农民群众的精神文化需求丰富多样性，从感官需求的多样，到兴趣爱好的多样，到人的全面发展的需要，所以这些因素决定了人们的精神文化需求是多样的，因而也就决定了农村公共文化建设中的文化产品和服务的形式及种类同样必须是丰富多样的，即使它们满足的仅是人们基本的精神文化需求。当然，农村公共文化建设内容的系统性也是相对的，换言之，在农村公共文化建设中，政府提供的文化产品和服务的种类也会随着政府财力的增长、科技的进步和人们认识的深化而不断发生变化。例如，在过去电视机尚未进入寻常百姓家的时代，农村公共文化建设就不可能提出电视"村村通"的目标；又如，在过去没有网络的时代，也不会有文化信息资源共享工程的提出，借助网络满足人们对各类文化和信息知识的需求，只有在现代网络技术得到发展和普及之后才成为可能。

（三）农村公共文化服务体系建设的内容

对农村公共文化建设内容的分类，应着眼于时代之发展和实际之境况，遵循内容详细和便于操作的原则，具体可分为：第一，公共文化建设资金投入，包括确定资金投入主体、确保稳定和足够的财政投入等；第二，公共文化产品的生产和供给，包括确定生产供给主体、选择和确定公共文化产品和服务的内容和形式、确保有效提供价廉质优量足的服务供给等；第三，公共文化设施网络建设，包括设施网络建设的标准确定、功能定位和空间配置等；第四，公共文化建设人才技术保障，包括招聘足够的优秀文化人才、加强文化队伍的技术和业务培训等；第五，公共文化建设组织支撑，包括各级党委政府建立有效的领导机制和相应的组织机构等；第六，公共文化建设运行评估，包括从内外两方面对公共文化机构的运行质量和服务绩效进行评估等。

（四）农村公共文化服务体系建设的主体

社会主义新农村公共文化服务体系（即农村公共文化建设）是由政府主导、以农民为主体、社会力量广泛参与形成的普及文化知识、传播先进文化、提高精神食粮、满足农村群众精神文化需求、保障农民群众基本文化权益的各种公益性文化机构以及提供的各类文化产品和服务的总和。新农村公共文化服务体系建设的责任主体除了政府，还包括农民自身和其他社会力量。要发挥不同主体的力量，形成构建农村公共文化服务体系的合力。

1. 政府

政府是社会主义新农村公共文化服务体系构建的主导力量，是由中国国情和政府的现代职责所决定的。中国目前还是一个处于现代化进程中的发展中大国，人民群众迅速增长的文化需求，与文化产品和服务的有限供给之间存在较大差距的状况仍将长期存在，这就决定了政府在公共产品的提供、资金的投入、制度的创新等方面都具有不可推卸的责任和不可替代的作用，政府无疑成为新农村公共文化服务体系构建的主导力量。

政府的现代职责要求也决定了政府是新农村公共文化服务体系构建的主导力量。公共事业的建设是政府的重要职责。随着政府行政理念的创新和政府职能的转变，"社会管理""公共服务"在政府职能定位中日益突出，基层政府尤其如此。农村公共文化服务体系作为文化领域的社会公益性服务体系，其构建是各级政府履行公共服务职能的本质要求。加强公共文化服务体系建设，是构建社会主义和谐社会的基本要求，是执政为民理念的重要体现，是建设服务型政府的客观需要，更是各级政府部门应尽的职责和义务。

我国农村地区情况复杂，地方差异大，政府在发挥主导作用时要因地制宜，把握尺度，科学发挥。在大部分农村地区，文化基础相对薄弱，政府职能上的"缺位"多于"越位"，政府应积极发挥主导作用，积极介入文化基础设施建设、文化队伍建设和开展各种文化活动等各个方面，建立健全农村公共文化服务体系，同时佐以市场服务，保障农民的文化权益，满足农民群众最基本的公共文化需求。在经济相对富裕的农村地区，政府应着重发挥引导和规范作用，更多考虑农民的建设者身份，释放农民创造新文化的主体性，激活农民的文化创造力。从满足农民个性化和较高层次的文化消费需求，满足农民的选择性文化需求出发，培育农民的公共精神，在政府主导和市场机制的双重作用下，充分调动农民群众参与建设的积极性，让农民从参与公共文化建设中获得幸福感和自豪感，满足享受型文化需求。

2. 农民

长期以来，造成农村文化建设困境的根本原因就是农民创造文化的主体力量没有得到高度重视和充分发挥。如果在社会主义新农村文化的创造上，农民成为旁观的局外人、简单的劳动者，这种身份不但会造成农民对文化建设的冷漠，而且会使农村文化的发展丧失源头活水，更不具备中国特色。

农民是社会主义新农村文化建设的主体，农民问题是新农村文化建设的首要问题，更是方向问题。农民在新农村文化建设中的主体地位，决定了中国特色社会主义新农村文化建设就是为农民服务。

满足农民自身的文化需求也决定了农民是社会主义新农村文化建设的主体。当前农民群体存在着两种文化消费需求：一种是基本的文化需求。这是农民基于生活和劳动需要而产生的，带有集体参与和群体需求的性质，满足的是农民作为社会主义劳动者的最基本的文化需求，对整个农村地区具有共性。例如，收听广播和观看电视、电影的要求，对休闲娱乐和体育健身的要求，对参与节庆文体活动的要求，等等。另一种是享受型文化需求。这种需求体现的是带有农民个体倾向的文化消费和自我实现的需求，满足的是农民群体中较高层次的文化消费和自我实现的需要，具有较强的个性。例如因个人爱好而产生的对现代娱乐的需要，因生产需要而产生的对图书、报刊借阅和电子信息服务的需要，等等。农民，不仅仅是文化的享受者和受益者，也是文化的创造者和建设者，是文化建设的生力军。只有最大限度地把农民吸纳到文化建设队伍中来，才能更好地摸清农民群众的文化需求，更有针对性地提供和满足农民的文化需求。因此，让农民参与到文化建设中来，是满足农民文化需求的自身要求和特殊途径。

农民是社会主义新农村文化建设的主体，是弥补政府主导作用有限性的需要。随着农村改革的全面发展，政府独家承办文化的体制已经越来越不适应农村的发展变化，不符合由"小文化"向"大文化"发展和逐步完善"大文化"的职能的规律。政府在新农村公共文化建设中的服务者角色，要求政府为农民群众提供更多更好的公共文化产品和服务，以维护和保障农民的基本文化权利。但是，政府的主导力量即使是最大限度地发挥也是有限的，政府在实现农村公共文化服务供给的最大化和最优化以及满足农民群众的文化需求上难免有缺失，需要农民这支生力军的加入。

农民是社会主义新农村文化建设的主体，有着历史和现实的生动证明。由于人类的求同、寻求群体归属感以及求异、满足天生好奇心两种内在动力机制的共同作用，广大农民群众对文化娱乐活动有着近乎本能的接近和参与的愿望。例如，湖南在清朝时期总共有400多个大剧场，国家没有投入一分钱也搞得红红火火。在现实生活中，当前农民自办的许多文化团体运转顺利，而政府主办的许多文化单位却惨淡经营就是生动的例证。因此，在政府尚未建立和完善农村公共文化服务体系的时候，广大农民群众已经是农村公共文化服务体系建设的骨干力量。

综上所述，农民在社会主义新农村公共文化服务体系建设中的主体地位是毋庸置疑的。关键的问题是应使农民认识到自己的主体地位，自觉承担起主体角色，摆脱依赖思想，真正成为社会主义新农村文化建设和发展的主体。社会主义新农村公共文化建设要突出农民这个主体，必须综合运用各种文化手段，把握和适应广大农民群众文化需求的兴奋点，满足农民文化需求的新变化。

3. 社会力量

社会力量是社会主义新农村公共文化服务体系的建设主体之一。社会发展的经验告诉我们，由于政府行为的有限性和人们需求的逐渐多元化之间产生了矛盾，政府无法满足人们日益增加的多样性需求，这就要求政府必须回馈或让渡部分权益给社会，让社会有能力自己承担起社会发展的主体责任，形成政府、市场和社会的有序运行。随着经济社会的发展和政府职能的转变，原来由政府垄断的公共服务职能将越来越多地释放出来。政府在构建新农村公共文化服务体系方面既要发挥主导作用，又不能单方面垄断公共文化服务的提供，而是应该开放农村公共文化服务领域，鼓励广泛的社会参与。政府要制定规划和政策，动员其他社会力量参与，为其他力量参与公共文化服务提供更大的活动空间和可能。社会力量具有强大的生产能力与市场竞争力，在文化基础设施的建设以及某些具体文化产品的生产中具备比政府及其所属文化事业单位更多的优势。社会力量参与到新农村公共文化建设中来，有利于弥补政府对农村公共文化服务投入力量的不足，丰富新农村公共文化服务的内容，提高农村公共文化服务的数量和质量，促进行政管理体制改革和政府职能转变，推动农村公共文化服务体系的建立健全和高效运转，从而满足广大农民群众多样化的文化需求，最终实现"乡风文明"和农村社会和谐的目标。

（五）农村公共文化服务体系建设的路径

在社会主义新农村建设持续推进的大背景下，农村公共文化建设逐步进入一个黄金发展时期。为了顺利推进农村公共文化建设的历史进程，促进农村公共文化事业持续快速健康发展，应遵循这样一条现实路径：加大农村公共文化建设资金投入→大力生产和供给农村公共文化产品→加快推进农村公共文化设施网络建设→确保农村公共文化建设人才队伍→建立健全农村公共文化建设组织领导机制→构建科学而权威的农村公共文化建设效果评估体系。

1. 加大农村公共文化建设资金投入

（1）建立农村公共文化建设专项资金，将主要的农村公共文化服务项目纳入地方政府财政预算。鉴于农村公共文化建设属于政府固有的公共服务职能之一，且必须具备持续性，方可健康发展，取得成效，因而应首先建立农村公共文化建设专项资金，将当地政府所实施开展的面向农村和农民的基本公共文化服务项目纳入政府财政预算，并确保政府对农村公共文化建设的财政投入随着政府财政收入的增长而逐年增长，前者的增幅不低于后者的增幅。这是健全政府投入机制的基本要求，也是解决政府对农村公共文化建设投入偏少或不稳定问题的治本之策。一旦这一做法得到认真实施，则那些与农民群众基本文化需求满足、基本文化权益保障密切相关的持续实施的公共文化服务项目，或者以年度为周期固定开展的其他公共文化服务项目，如乡镇文化站的维护和管理费用、"2131"农村电影放映工程等，所有这些都将获得稳定且充足的政府财政资金支持；在此范围之外，那些具有短期性或以数年为周期的公共文化服务项目，如文化场馆的新建扩建、两年一次的文体赛事等，则通过纳入非专项资金的政府财政预算予以解决。至于纳入政府专项资金的基本公共文化服务项目的确定，则由各地政府在确保中央要求的公共文化服务项目的前提下，根据自身财力和本地居民的文化需求状况而确定。

（2）通过多种形式，吸引社会资金广泛参与农村公共文化建设。相比于社会资金对农村教育等其他社会事业以及农民自办文化的参与，社会资金对农村公共文化建设的参与和贡献明显要少得多、小得多，这既有多年来社会捐赠资金使用情况不透明等普遍原因，也有农村公共文化建设的公益性不如教育等特殊原因。当然，即便如此，也并不意味着吸引社会资金参与农村公共文化建设是不可能的；相反，这方面的前景是十分广阔的，关键在于各地的积极探索。由于社会资金往往是基于扩大知名度、树立新形象的目的而投入公益事业的，因而在农村公共文化建设过程中，应尽可能地针对社会资金的需求偏好，广泛创造各类可行形式，以吸引社会资金积极广泛地参与农村公共文化建设中。

例如，由企业资助并独家冠名一些有影响力的农村公共文化活动或农村公共文化服务项目，像许多农村地区的讲故事比赛、篮球赛等公共文化活动或服务项目，即可通过此类形式而获得社会资金的支持。此外，尽可能利用各种媒体向社会各界人士积极宣传农村公共文化建设的重大意义，假以时日，包括企业家在内的社会各界对农村公共文化建设重要性的认识必然逐步提高，对农村公共文化建设的参与也会变得更加积极、踊跃，这样既充分发挥了社会资金对农村公共文化建设的积极作用，又满足了农民群众对公共文化服务的迫切需要。

2. 大力生产和供给农村公共文化产品

（1）坚持"三贴近"原则，生产更多符合农民群众价值观和审美情趣的公共文化产品。人们对异质文化①有着浓厚的兴趣，总想体验和接近它，但这主要是发生在非价值观层面；在价值观层面，人们寻求更多的是同质文化，换言之，人们一般偏好体现相同或相似价值观的文化产品，这也是大多数农民群众对国际大片兴趣不浓的重要原因。基于价值观的稳定性以及它对文化产品接受的主导性，在农村公共文化建设过程中，应特别要求文化工作者坚持"贴近群众、贴近实际、贴近生活"三贴近原则，站在农民群众的立场上，创作和生产出更多符合农民群众价值观的文化产品。

此外，文化工作者还应充分考虑农民群众的审美情趣，选择符合他们需求的语言和艺术表现形式。例如，同样是送戏下乡，在浙江农村地区，越剧和小品等艺术形式往往比话剧更受农民群众的欢迎，其原因就在于前者比后者更符合农民群众的审美情趣。为了使剧团、出版社、电视台以及作家、演员、记者等各类承担文化产品任务的机构和个人能坚持"三贴近"原则，生产出更多符合农民群众价值观和审美情趣的文化产品，应建立相应的激励机制，鼓励和引导他们深入农村，同农民近距离接触，熟悉农民生活，了解农民需求，从而实现其文化产品符合农民群众价值观和审美情趣的目标。

（2）拓宽民主参与渠道，充分发挥农民群众在公共文化产品生产与供给中的主体作用。由于农村公共文化建设属于政府公共服务的范畴，对应于广大农民群众的基本文化权益，因而在整个农村公共文化建设过程中，应尽可能地让他们参与进来，并发挥他们的主体作用。

具体在公共文化产品的生产和供给这一环节，可将许多公共文化产品和服务的选择决定权交给农民群众，由他们根据自身的利益需要和兴趣爱好而选择确定政府应该为他们提供的公共文化产品的数量、质量和种类。例如，乡镇文化站、村文化活动室的功能设置，以及图书的购买，都可通过组织村民代表商议或实施调查问卷的形式，获得充分代表民意的主导性意见。总而言之，在农村公共文化建设过程中，农民群众的民主参与不仅是必要

①异质文化是整体文化现象中最具民族性与个性特质的部分，作为一种不可多得的旅游资源，异质文化以其独特的魅力吸引旅游者的兴趣与关注，是产生旅游动机的源泉，它又是一种弱势文化，旅游经济的发展会对它形成不同程度的冲击，因此，开发异质文化资源要重视人文精神，协调好传统与现代化、共性与个性的关系，按照可持续发展的原则，加强保护与管理，合理利用。

的，而且其参与的具体途径和形式应该多样化、广泛化，当然，这并非意味着所有的公共文化产品都由农民群众根据自己的利益需要和兴趣爱好来确定，这里还有一个基本前提，那就是农民群众的利益需要和兴趣爱好必须符合国家、民族或地方集体根本和长远利益的需要。

（3）采用新技术，提高农村公共文化产品生产供给效率。在当今时代条件下，公共文化产品和任何其他性质和形式的产品一样，越来越多地受到了科学技术的影响和推动。为了提高公共文化产品生产供给的效率，使广大农民群众获得更多的公共文化产品和服务，就必须在农村公共文化建设过程中尽量引进和采用先进的技术手段。例如，推广数字电影放映技术，改造和取代传统的16毫米胶片放映，可以全面提升放映质量，降低放映成本，更好地满足农民群众看电影的文化需求。可见，新技术在农村公共文化建设过程中有着广泛的实践空间，广播电视村村通、乡镇综合文化站和基层文化阵地建设、文化信息资源共享、农家书屋、农村电影放映等主要公共文化服务工程中的不同环节都存在着使用先进技术的需求，这就要求各级文化主管部门和各类农村公共文化服务机构密切跟踪科技发展动态，及时引进推广新的技术，从而提高公共文化产品生产供给的效率，造福于广大农民群众。

（4）借助多种途径，提高农村公共文化产品生产供给能力。在农村公共文化建设过程中，政府固然是农村公共文化产品和服务的主要提供者，但这并不意味着政府是所有面向农村和农民的公共文化产品的生产者，换言之，生产与供给是有区别的，二者并不等同。

例如，中央电视台购买国外的优秀电视节目在农业频道播放，生产者来自国外，但供给者仍然是我国政府。这也就表明，国家在农村公共文化建设过程中，既可以直接组织公共文化产品的生产，也可以通过购买的形式交由其他主体生产，只要这些途径或形式是以公共财政做依托的，就都属于政府提供公共文化产品的范畴。前者的典型，如国办剧团下乡送戏演出、建设乡镇文化站为当地农民提供文化服务等，而政府出资购买由民办剧团送戏下乡则属于后者。政府自身直接生产公共文化产品，对持续性地满足广大农民群众日常性的基本文化需求，传播社会主义先进文化和增强党在农村的凝聚力、影响力等具有显著的积极作用，因而应该成为面向农村和农民提供公共文化产品的主要途径。但与此同时，政府也应该根据实际情况的需要，根据成本效益的比较，尽可能地通过政府购买的途径为农民群众提供公共文化产品，这是因为，由非政府的社会主体生产某些文化产品，有时成本更低，且更加合乎农民群众的兴趣偏好。例如，政府出资由农民电影放映队为农民免费放映电影，显然比政府为了完成"2131工程"的目标任务而自建专门的电影放映机构要省钱省事得多。总而言之，为了提高公共文化产品的生产能力，更加有效地满足农民群众的文化需求，应积极采取多种途径生产更多的适合农民群众需要的公共文化产品。

3. 加快推进农村公共文化设施网络建设

（1）加大投入力度，推进乡镇综合文化站和基层文化阵地建设工程。在当前掀起的公共文化服务体系建设高潮的过程中，乡镇综合文化站和基层文化阵地建设被列为其中一项重要工程，这表明从中央到地方各级党委政府已逐步将关注的焦点投向农村，也表明农村公共文化设施网络建设向实质性方向推进。在相关政策的指引和推动下，各级党委政府都必须加大对乡镇综合文化站和基层文化阵地建设工程的投入力度，尤其要加强对欠发达地区和贫困农村地区的投入力度，使乡镇综合文化站和基层文化阵地成为继县、市文化馆和图书馆之后，又一批扎根农村、为农民群众提供公共文化产品和服务的基础阵地，使农村公共文化设施网络发挥应有的作用。在当下的乡镇综合文化站和基层文化阵地建设过程中，应根据土地日趋紧张、科技水平不断提高的新情况，将乡镇文化站和村文化活动室尽可能地建设成为涵盖电化教学、图书阅读、体育健身、影视播放等多种功能的综合性文化场所，从而吸引更多的农民群众参与，更好地满足他们多样化的文化需求。

（2）加大整合力度，提高农村公共文化设施的使用效率。在基层农村，除了文化主管部门和既有的农村公共文化服务机构及其拥有的公共文化设施之外，一般都或多或少地存在着归其他社会主体所有或归其他条块所有和管理的文化设施。例如，宗族型村落拥有作为文化活动中心之一的宗祠；乡镇所在行政村区域内同时建有归乡镇所有的文化站。又如，在行政村，既有文化室，又有组织部门主持建成的党员电化教育中心。这些身处农村基层的文化设施，都具有相同或相近的功能，即丰富农民群众的精神文化生活、满足其精神文化需求，服务于同一目标群体——农民群众，因此，有必要也有可能推进这些文化设施的整合，以提高农村公共文化设施的使用效率，增加农村公共文化设施的供给。例如，对农村宗祠，可以通过增加器材、完善装置、增改门牌等办法，使其更多地具有农村公共文化设施性质。

（3）实现重心下移，优化农村公共文化设施网络结构。就总体而言，目前我国各地农村公共文化建设的重心仍然在乡镇文化站，相比于县、市一级的图书馆和文化馆建设来说，这无疑属于重心下移的结果，但很显然，这种重心下移的程度还不够，因为在农村地区，地域的广大和少数山区的特殊地形，往往使得乡镇文化站距离大多数农民群众较远，不利于他们经常性地、便捷地参与公共文化活动，享受公共文化服务。

换言之，为了更好地优化农村公共文化设施网络结构，更好地满足广大农民群众的文化需求，保障他们的基本文化权益，就必须进一步实现重心下移，将行政村乃至自然村文化设施作为农村公共文化设施网络建设的重点。这种必要性无论在发达农村地区还是在欠发达地区都是同样存在的，当然，在发达地区农村，由于当地政府财政实力比较雄厚，因而将更多的财政资金投向行政村一级的公共文化设施建设更具可能性；在部分地区的农村，虽因财力不足，无法依靠自身力量实现农村公共文化设施建设重心进一步下移的目标，但这些地方由于往往具有地域广、交通不便的特点，因而其农村公共文化设施建设的重心转向行政村乃至自然村，就显得更为迫切。合理的解决方法应该是，发达地区地方政府和基层组织应加大行政村公共文化设施建设的力度，而欠发达地区则依靠上级财政转移支付等途径，加大本地基层农村公共文化设施建设的力度。

4. 确保农村公共文化建设人才队伍

（1）确保足够编制，充实农村公共文化建设人才队伍。人才保障是新农村公共文化建设的基本前提，这就要求各地文化主管部门及各类农村公共文化服务机构多方积极招揽人才，以充实农村公共文化建设队伍。就当下的农村公共文化建设人才招聘工作而言，面临的难题主要不在于人才难觅，而在于基层政府难以为农村公共文化服务工作提供足够的岗位编制。在发展社会主义市场经济、建设服务型政府、构建社会主义和谐社会的背景下，农村文化事业的重要性是不言而喻的，这就要求地方基层党委政府在主动放弃许多不需管也管不好的事务的同时，为农村公共文化建设腾出一定数量的岗位编制，并确保做到专职专岗。目前，相当多的地方实行兼职兼岗的做法，或者让一些文化业务技能较差、属于农村文化工作门外汉的干部同时担负农村公共文化建设工作，或者让农村公共文化服务机构的工作人员另外承担其他跨度很大、性质迥异的工作。前者因为无法一时很好地满足农村公共文化服务专业性的要求，从而不利于提升农村公共文化建设水平，后者则不利于调动农村公共文化事业从业人员的工作积极性，不利于提高他们的素质和技能，因而同样制约了农村公共文化事业的发展。

（2）加强继续教育，提高农村公共文化建设人才素质。自《事业单位公开招聘人员暂行规定》颁布以来，各地农村公共文化服务机构招聘的人才基本上都经历了一系列准入门槛的选择与辨别，换言之，他们基本都合乎农村公共文化服务岗位的要求，具备相应的素质和技能。但专业素质也有一个与时俱进的问题，换言之，从事农村公共文化建设工作的人才在上岗之后依然完全有必要经常性地、及时地参加继续教育，学习新的知识和技能，以适应工作的需要，这在科学技术日新月异、文化工作创新不断的当今时代显得尤为突出。

例如，为了适应文化信息资源共享工程建设的需要，许多年龄较大的文化工作者必然面临着学习和掌握计算机、互联网等现代知识和技术的迫切要求。此外，基层的农村公共文化服务机构，其人员配置往往数量很有限，这也就愈加要求他们积极参加继续教育，增长和掌握新的知识和技能，唯有如此，方能更加有效地为农民群众提供各类公共文化服务，满足农民群众多样化的文化需求。为了使继续教育惠及更多的农村公共文化工作者，一方面要求文化主管部门加大对农村公共文化建设人才继续教育的财政支持力度；另一方面必须考虑将参加继续教育的情况纳入农村公共文化服务机构工作人员的职称评定和评优评先工作中。此外，还可通过文化技能竞赛等各类活动，以激发他们学习新技术、掌握新技能的积极性，最终实现其素质不断提升的目标。

5. 建立健全农村公共文化建设组织领导机制

（1）适应时代要求，建立政绩考核体系。鉴于农村公共文化建设以政府为主导，因而建立健全相应的组织领导机制乃是农村公共文化建设的应有之义，唯有如此，有关部门承担的规划编制、政策法规制定、督察考核等职责方能得到有效实施。而为了实现这一目标，最根本的莫过于建立一套针对各级领导干部的政绩考核体系。对各级党委政府来说，政绩考核体系就是它们施政的指挥棒。

发展农村公共文化事业，建立农村公共文化服务体系，乃是落实以人为本理念的必然要求，是推进城乡和经济社会统筹发展的重要途径，这也就意味着，政绩考核体系的制定和实施，必然要求各级党委政府将农村公共文化建设作为政府工作的重要职责之一，纳入政府的重要议事日程，纳入经济和社会发展规划，从而使农村公共文化建设获得有力有效的领导组织保障，进而促进农村公共文化事业持续健康发展。

（2）细化领导责任，建立农村公共文化建设目标责任制。建立领导政绩考核体系，仅是从宏观层面为农村公共文化建设提供了组织领导机制的保障，在具体实践中，农村公共文化建设的顺利推进还有赖于一系列微观组织载体和责任机制的建立。由于农村公共文化建设总体属于精神文明建设范畴，其涉及的部门大多属于宣传文化系统，因而可将它列入各级党委政府成立的精神文明建设领导小组的职责中，由这一领导小组机构承担起农村公共文化建设的规划、协调、督察等领导职责，而不必另外建立专门的领导小组等类似的组织领导机构。在此基础上，建立农村公共文化建设目标责任制，将农村公共文化建设的具体目标责任进一步落实到文化、广电、新闻出版等政府部门的工作考核目标中，以确保农村公共文化建设的各项工作任务在有关部门的组织领导之下顺利开展和圆满完成。

6. 构建科学而权威的农村公共文化建设效果评估体系

（1）多元主体结合，科学评估农村公共文化建设成效。在以往的农村公共文化建设实践中，虽然不乏一些文化主管部门牵头组织的考核评比活动，但由于这些考核评比不同程度地具有维度单一、内容狭窄、方法简单等弊端，因而往往不能全面科学地对整个农村公共文化建设的成效作出评估。作为政府履行公共服务职能的一部分，农村公共文化建设接受科学评估的必要性是毋庸置疑的，其关键在于如何确定评估的科学性和权威性，而这就需要从根本上改变存在弊端的原有评估方法，推行多元主体共同参与的科学评估方法。

首先，这种评估需要作为农村公共文化服务的对象——农民群众的参与。为此，可考虑通过选择具有一定数量并具有广泛代表性的农民代表，对农村公共文化服务机构以及重要的农村公共文化服务项目进行评估，其评估内容主要是农村公共文化服务机构的环境、设施、工作人员态度、服务效率和受益程度等方面，还包括重要服务项目的内容质量、惠及面大小、农民群众的受益程度等。其次，这种评估需要各级党委政府有关部门的参与，其评估内容主要涉及农村公共文化建设是否纳入议事日程、经济和社会发展规划、政府财政预算、政绩考核体系等情况，还包括农村公共文化建设的进程以及完成上级党委政府所交付的任务等情况。最后，这种评估还需要专家学者的参与，其评估内容主要包括农村公共文化建设的创新、成本效益比较等方面。总而言之，只有实行多元主体结合，才能从多个维度、多个方面，全面、科学地评估农村公共文化建设的总体状况。

（2）充分利用评估成果，促进农村公共文化建设持续健康发展。农村公共文化建设成效的评估，其意义不在于评估本身，而在于总结经验，发现问题，推动创新，激发群众参与，促进农村公共文化建设持续健康发展，这就需要对农村公共文化建设的评估成果加以充分利用。利用评估成果包括两个方面：一是将农民群众、专家和政府官员一致认可的好做法、好经验推广到其他地方的农村公共文化建设实践中，使更多的农民群众受益；二是将各方评估，尤其是农民群众评估的结果，与涉及的农村公共文化服务机构和农村公共文化服务项目的领导干部奖惩升降和经费的增减紧密挂钩，使农民群众以及其他主体参与评估的最终结果，影响到农村公共文化服务机构和农村公共文化服务项目的领导干部奖惩升降和经费的增减，从而促进各级党委政府更加重视并认真做好农村公共文化建设工作，以满足农民群众的基本文化需求，造福于广大农民群众，从而实现村风文明、社会和谐的目标。

二、农村社会主义核心价值体系的建设

社会主义新农村的"新"，不只是体现在农村有多少间新房，修了多少条新路，更重要的是要体现在广大农民思想道德素质和科学文化素质的提升和乡风文明上。同时，当前中国农村精神文明建设面临诸多严峻的新形势、新任务。建设社会主义新农村，倡导新风尚，培育新型农民，离不开社会主义核心价值体系的引领。社会主义核心价值体系是社会主义意识形态的本质体现，反映当前农村政治、经济、文化和社会生活的发展状况，代表广大农民的根本利益。因此，在社会主义新农村建设过程中，大力加强社会主义核心价值

体系的普及，使之深入人心，逐步内化为广大农民群众的思想和行动准则，既是社会主义新农村文化建设的重要内容，也是社会主义新农村建设的重要保障。

（一）农村文化建设与社会主义核心价值体系的关系

社会主义核心价值体系是以中国特色社会主义为共同理想、以爱国主义为核心的民族精神和以改革创新为核心的时代精神等一系列内容构成的相互联系、相互贯通、相互促进的完整体系，是社会主义精神文明建设的重要组成部分，是社会主义新农村建设的思想根基。中国特色社会主义共同理想集中反映了广大农民追求幸福生活的共同利益和愿望，是保证广大农民团结一致，万众一心，积极投身社会主义农村建设的强大精神动力。以爱国主义为核心的民族精神和以改革创新为核心的时代精神，不仅是中华民族生生不息、薪火相传的精神支撑和中华民族伟大复兴的不竭动力，也是广大农民建设新农村，创造美好生活的精神动力。因此，加强农村文化建设，必须牢牢把握社会主义核心价值体系这个根本，切实保证社会主义核心价值体系能在农村贯彻和落实。

1. 社会主义核心价值体系是农村文化建设之本

价值观是文化的核心。坚持怎样的文化方向，建设怎样的文化体系，就是坚持和倡导怎样的价值观。农村文化走向哪里，是由它的核心价值观决定的。任何一个社会都有自己的核心价值。社会主义核心价值体系是社会主义文化的内在精神和生命之魂，也是农村文化建设之本。

（1）中国特色社会主义共同理想是社会主义新农村文化建设的奋斗目标。中国特色社会主义共同理想是社会主义核心价值体系的主题。中国特色社会主义，是当代中国发展进步的旗帜，是全党全国各族人民团结奋斗的旗帜。社会主义文化是中国特色社会主义的重要组成部分，而农村文化又是社会主义文化的重要组成部分。当前，农村文化建设必须引导广大农民树立社会主义的坚定信念，以建设和发展中国特色社会主义伟大事业为阶段性共同理想和奋斗目标，以满足人民群众日益增长的多层次多样化的文化需求为目的，倡导人与人平等和谐相处、人与自然协调发展，努力构建"生产发展、生活宽裕、乡风文明、村容整洁、管理民主"的社会主义新农村。

（2）以爱国主义为核心的民族精神和以改革创新为核心的时代精神是社会主义新农村文化建设的内核。以爱国主义为核心的民族精神和以改革创新为核心的时代精神，是社会主义核心价值体系的精髓，是全国各族人民共同奋斗的精神支柱，也是社会主义文化建设的内核。中华民族上下五千年的文明史，积淀了中华民族的许多思想文化精华，形成了丰厚的民族文化底蕴，保家卫国、奋发进取、自强不息的民族精神深入人心。

在当前的农村文化建设中，弘扬民族精神和时代精神，使广大农民始终保持昂扬向上的精神状态，既是农村文化建设的精髓之所在，又有利于培养农民的创新精神、爱国主义精神和集体主义精神，激励广大农民为维护祖国统一，实现国富民强，建设社会主义新农村而奋斗。

2. 农村文化建设是弘扬社会主义核心价值观的载体

城乡文化建设是弘扬社会主义先进文化的主要载体，也是先进文化的现实体现。在当前的新农村建设中，农村文化建设则成为弘扬社会主义先进文化和社会主义核心价值体系的重要载体。

具体而言，当前在建设社会主义新农村的过程中，加强以构建社会主义核心价值体系为重要内容的农村文化建设，而农村文化建设必须始终贯彻社会主义核心价值体系，最大限度地在农村社会形成先进思想共识。在农村文化建设中，坚持以中国特色社会主义理论体系为指导，根据时代的要求和社会发展的需要，逐步培养农民开拓进取的精神和开放的胸怀，培养他们的主体意识、市场意识、竞争意识、民主法治意识和科学观念，使他们真正成为"有文化、懂技术、善经营、会管理"的适应现代化要求的新型农民；加强社会主义荣辱观教育，在鼓励农民继续发扬尊老爱幼、诚实守信等中华民族传统美德的同时，提高他们的思想觉悟、道德水平和明辨是非的判断能力，倡导健康、文明、向上的社会主义新风尚。可见，农村文化建设既得益于社会主义核心价值体系的指导，又为社会主义核心价值体系在农村的进一步弘扬和实现提供了重要载体。

（二）农村社会主义核心价值体系的建设路径

1. 整合农村多元价值观，重建社会价值坐标

（1）处理好主旋律与包容多样的关系。用社会主义核心价值体系引领农村社会思潮，并不是以一元取代多元，而是以社会主导价值观来感召和引导非主流价值观。要在尊重不同价值观选择的基础上，通过价值整合缓解不同价值观之间的矛盾冲突，使各种价值观和谐共存，并在作用方向上形成合力。

（2）重建农村社会价值坐标，正确对待传统文化，取其精华，去其糟粕，同时在市场经济中树立正确的财富观、消费观、道德观与合作观，提高价值判断和行为选择的能力。

（3）坚持科学信仰，通过各种途径教育农民，抵制不良活动。

总而言之，要整合农村社会价值观念，就必须在多元价值取向之间保持合理的张力，在多样观念中寻求共识，并能以主导扩大共识。

2. 加大经济建设扶持力度，提高价值认同基础

农村社会价值整合难度大，归根结底是农村经济发展水平所限，农民的物质需求未能得到合理的满足。只有社会的需求与个人的需求契合一致，社会所倡导的主导价值观才能被个体所认同，内化为自我的价值追求。因此，当前在农村构建社会主义核心价值体系，首先，要把解决思想问题和解决实际问题结合起来，解决与群众利益关系最密切、最直接、最现实的问题，当前尤其要帮助一部分农民解决生存性危机，重点是农村中的弱势群体，包括老年人、妇女、体弱多病及因病因学致贫者；其次，政府必须以新农村建设为契机，提高农民收入，实施惠农政策，实现共同富裕，同时要加大对农村的财政转移支付力度，担负起农村公共品供给的职责。由此可见，政府的帮助能增强农民对现行社会制度的认同，使他们切身感受到社会主义核心价值体系的重大实践价值。

3. 调整相关制度安排，增强农民的制度认同

首先，调整和健全政治制度设计，保障农民各种平等的政治权利，依法尊重农民的人格尊严和自我选择，真正落实基层民主制度，提高农民对自己当家做主的心理认同。其次，调整资源分配制度，废除城乡二元政策，消除对农民的身份歧视。从法律上、制度上确保城市"反哺"农村的各项举措落到实处，尤其是保证农村基础设施和其他公共品的投入，如教育、医疗、农村社会保障等，让农民享受基本的国民待遇，维持其做人的起码尊严和体面。最后，强化基层组织的意识形态领导功能。在中国这种政府主导、民间话语权相对弱势的社会治理结构中，政府对主流价值体系的构建始终起关键作用。一方面，要充分发挥基层组织在农村文化建设中的领导作用，强化"阵地"意识，把握社情民意，重视舆论引导，旗帜鲜明地反对和抵制不良活动；另一方面，要转变执政理念，建立真正的服务型政府，切实为老百姓排忧解难，把基层组织真正建成人民群众可信赖和可依靠的力量，把党组织真正建设成农村思想建设的堡垒，以实际行动增强社会主义核心价值体系的说服力、感染力和影响力。

4. 改善价值观形成环境，培育农民的现代意识

首先，要改变农民的生产生活方式，促进农民在城市的合理流动，加快城市化进程，打破以地缘、血缘为根基的封闭的生存空间，建立超越地缘和血缘限制的各种新型的社会关系，消除宗法制度对农民的负面影响。其次，要逐步把农民引入社会化大生产的洪流中，引导农民到市场经济中去历练，用市场去涤荡小农经济状态下形成的封闭、狭隘、保守、依附的性格特征，逐步培养主体意识、科学意识、竞争意识、开放意识和创新意识，造就"有文化、懂技术、善经营、会管理"的社会主义新型农民。

第四节　新农村文化的系统构建策略

　　我国新农村文化建设是一项复杂而系统性的工程。基于宏观视角，我们可把它分为文化保障系统、文化管理系统、文化动力系统；基于微观视角，我们可称之为知识与价值系统。文化制度、文化投入、文化设施、文化载体及法律保障等要素构成文化保障系统；市场管理、人才管理、组织管理等要素构成文化管理系统；文化交流与合作、文化保护与创新、文化展示与活动、文化产品的生产与供给等要素构成文化动力系统。而微观视角中的知识与价值系统主要包括思想道德、教育科学文化和乡风文明等要素。贯穿农村文化建设过程中的各个系统，只有协调一致，才能保证整个农村文化建设这一系统工程的正常运行，唯有如此，农村文化建设才能收到实效。

一、农村文化知识与价值系统建构策略

　　农村文化知识与价值系统，主要由农民的文化素养、价值观念、价值信仰、价值追求等要素构成，它不仅是农村文化建设的核心，也是农村文化系统的深层结构，还是农村文化建设的根本目标指向之一。农民的思想道德素养和科学文化素养以及良好文明的乡风，直接反映一个乡村的整体文化发展水平，是乡村文化现代化的重要指标体系之一。因此，破解我国新农村文化建设中的困境与难题，必须注重农村文化知识与价值系统的建构，使农村文化价值系统在健康稳定的轨道上运行。

（一）弘扬主导文化，形成共同的理想信念与精神支柱

　　中国的农村社会地域广大，具有复杂的民族多样性和文化多元性，同时又面临"全球化"和社会转型的多元文化背景，必须坚持国家的主导文化地位，才能使广大农民树立共同理想和信念，确立正确的世界观、人生观和价值观，消除文化心理困惑和价值迷茫。因此，必须弘扬主旋律，以科学的理论武装人，以正确的舆论引导人，以高尚的精神塑造人，以优秀的作品鼓舞人。在社会主义新农村建设中，必须大力弘扬主旋律，用社会主义核心价值体系教育农民，统一农民的思想，对中华民族的优良传统要继承和发扬光大，要弘扬和培育民族精神与时代精神，在农村社会形成共同的理想和精神支柱，不断激发广大农民建设社会主义新农村的热情。

(二) 发展农村教育，提升新农村文化主体的知识底蕴

农村现代化实质上就是人的现代化，离不开有文化、懂技术、会经营的高素质农民，同样，高素质的农民也离不开高质量的农村教育。农村教育是农村社会现代化的根本，也是农村文化建设的基础性工程。农民是社会主义新农村建设的主体，农村的政治、经济和文化建设都离不开农民的积极参与，特别是在农村文化建设中，农民既是农村文化的建设者，又是农村文化的享用者，必须把改革和发展农民教育放在更加突出的位置。

第一，要抓好政府主导的九年义务教育，从中小学抓起，加大对农村公共教育资源的投入，改善农村的办学条件和教学环境，改变城乡教育二元化的现状，实现教育均衡式发展，让农村学生都能享受到优质化的教育资源，全面提升农村教育的质量。在农村基础教育理念上，也要改变单纯为了考试升学的教育思想，以服务农村经济社会发展为目标。因此，在农村基础教育的课程设置和教学方式方法的选择上，要适当安排一些农业技术课，并增加农村社会实践活动，要按照农村、农业、农民的地区特点，把农业科技知识通过农业技术课普及专业性教育，用现代教育手段，全面提高农民的文化素质，使农村学生成为联系城市与农村，工业与农业的桥梁和纽带，为将来服务家乡奠定基础。

第二，要加强对农民的社会教育。我国农村家庭联产承包制改革以后，由于农民集体劳作的生产结合方式转变为分散式的家庭经营，农村组织越来越分散化，再加上农民流动性的增强，许多农村地区很难召开群众性大会，农民的社会教育面临很多困境。因此，农民社会教育的内容、方法和形式，不仅要考虑农民文化素质和文化需求多样性的现状，还要充分考虑农民流动性的特征，注重把先进性与广泛性、多样性与生动性、教育性与娱乐性、知识性与趣味性、专业性与普及性有机统一起来。在教育内容上，实施综合教育。通过科技宣传队、文化演出队等文化活动形式以及广播、电视等各种载体宣传科学文化知识、法律知识，普及农业技能；同时，开展社会主义荣辱观教育，通过典型事例和榜样示范，用社会主义核心价值体系，对农民进行社会公德、职业道德、家庭美德以及爱国主义、集体主义、社会主义教育，弘扬中华民族勤劳善良、自立自强、艰苦奋斗的传统美德及现代文明意识。广泛开展以破除陋习、文明乡风为重点的农民教育，科学引导和切实解决农村思想道德建设中出现的新情况新问题，以丰富的内涵、健康的格调吸纳社会主义先进文化。

第三，要大力发展农村职业技术教育，对农民，特别是农民工进行职业技能培训。要重视农民教育培训工作。各级党政要充分认识农民科学文化素质低下对建设社会主义新农村的制约作用，把加强农民教育培训、提高农民科学文化素质作为统筹城乡区域发展建设

社会主义新农村的重要工作内容来对待，切实加强领导和组织工作，提高农民素质。同时，政府也要对农民教育培训给予适当的经费支持。

农民科学文化素质的大幅度提高，离不开政府的重视和支持。一方面，要有丰富多样的教育培训内容。在经济社会迅速发展、人民生活水平逐步提高的今天，农民对知识的需求是多方面的，不但需要传统农业方面的知识，也需要第二、第三产业方面的知识；不但需要科技知识，也需要市场经济、经营管理、法律等方面的知识；不但需要经济知识，也需要政治知识、生活知识、健康知识和文化娱乐方面的知识。因此，农民教育培训的内容，必须适应并满足农民知识需求的多样性。只有切合需求，才能取得良好的效果。另一方面，要有灵活多变的教育培训形式和渠道。教育培训形式必须适应农民自身的特点和农村生产生活的特点。例如，科技人员到田间地头提供服务，现场进行指导培训的方式，非常适合农民和农业生产特点。在教育培训渠道上，要充分利用农村各种教育资源，借助各种媒体和渠道，实现教育渠道的多样化。

（三）培育农民文化自觉，促进农民自创文化健康发展

所谓"文化自觉"，是费孝通先生针对全球经济一体化进程中，传统地方性文化如何适应新的世界文化的发展等问题，提出的一个旨在保护发展民族文化的思想。"文化自觉"是生活在一定文化中的人对其文化有自知之明，对其自身的文化来历、形成过程以及特点、发展趋势等能做出认真思考和反省。该思想强调了每个民族认识自身文化的重要意义。在农村文化建设过程中，文化自觉机制要求必须改变政府作为单方面文化主体的局面。发挥政府的主导作用，使"送文化"与"种文化"相结合，积极引导农民成为农村文化建设的主体，由被动接受"送来文化"到主动参与各种文化活动，积极主动参与喜闻乐见的文化产品和文化形式的创作，使农村文化具有深厚的乡村土壤支撑，从而最大限度地满足农民的文化需求。

在农村文化建设中，自办文化活动更充分地发挥了农民文化创造的积极性、主动性和创新性。由于与农民的兴趣爱好相联系，不仅有利于对农村传统文化资源的保护，也有益于对其他文化的正确选择和接受。因此，各级政府在农村文化建设中的职责是发挥主导作用，通过文化政策引导、鼓励、帮助农民积极参与到自办文化中来。立足于农村生产和生活的实际，利用传统节日和农闲时间，组织开展各种民间文化活动，支持广大文艺工作者深入了解农村的巨大变化，创造更多通俗易懂，反映农民真实生活情感的文艺作品。鼓励农民自办文化团体、农民书社、电影放映队，建设文化大院、文化室、图书室等，政府出资大力扶持民间职业剧团和农村业余剧团，创作更多反映农村新面貌、新变化的先进文化

作品，促进农民自创文化的健康发展。

加强乡风文明建设，大力普及科技知识，引导农民自觉抵制各种封建活动。通过先进的文化内容，先进的文化形式，促进农民自创文化的健康发展。

（四）合理引导农民走出心理困境，重新构建精神家园

面对中国农民在文化变迁过程中的文化心理矛盾与冲突，必须批判地继承传统文化和其他文化的有益成分，实现农村文化的现代转型，重建农民的精神家园。改革开放以来，整个农村社会的结构都发生了巨大的变化，农村文化也开始了现代化转型，但农民本身的局限性并没有改变，他们的文化心理、价值观念、思想方式和行为习惯较为保守，这种保守性和封闭性已经成为中国农村现代化的主要障碍。实现农村的现代化，必须对农民的文化心理结构、价值观念进行现代化改造，指引他们从传统的、落后的、保守的思想中走出来，改变农民小生产者意识和僵化的思维方式。因此，在农村文化建设过程中，必须吸收中国传统文化中的合理的、优秀的内容，如"刚健有为，自强不息"的进取精神、"厚德载物，有容乃大"的文化气度、"以人为本，德行优先"的价值观念、"贵和尚中，克己修身"的处世哲学，等等。

同时，要引导农民以开放的心态树立全球文化和现代文化观念，积极吸收世界先进文化成果，使西方文化与中国文化，传统文化与现代文化进行有机结合，建设既具民族地域特色又具时代精神的农村文化。一方面要积极吸收和大胆借鉴西方国家先进的科学技术、管理经验，同时更要学习和践行现代城市文明的生活方式；另一方面要以开放的心态对待世界多元民族文化，尊重世界各民族的文化传统和风俗习惯，加强世界文化的交流与融合。与此同时，要立足农村实际，保持农村文化特色，有分析、有选择地对待其他文化，不断实现农村传统文化与现代文化、本土文化与其他文化的交流与融合，并在此基础上进行整合与创新。

二、农村文化动力系统的建构策略

在农村文化建设过程中，动力系统的构建对农村文化的发展和创新起着至关重要的作用，这是因为城市文化与乡村文化、传统文化与现代文化、其他文化与本土文化，不断发生碰撞与融合，在这样的现实背景下，只有建构强有力的动力系统，才能促进不同文化的交流与融合，给予农村先进文化更强活力，最终达到实现城乡文化一体化的目的。

（一）深化农村文化体制改革

解决农村文化建设中所面临的困境与难题，最根本的办法就是深化农村文化体制改

革，这也是农村文化发展与创新的根本动力所在。在农村文化体制改革过程中，首先，不断摆脱城乡二元体制的困扰，把农村文化体制改革与经济体制改革、政治体制改革结合起来，健全乡（镇）文化站机构设置和职能定位。其次，必须深化农村文化管理部门和经营性文化团体的体制改革，明确管理部门的责任和义务。再次，必须建立社会文化资源共享的协调机制和管理制度，使文化管理部门和各种文化团体能直接面对农民群众，保证社会文化资源面向农村开放，充分满足农民群众的文化需求。最后，必须建立适应农村文化建设需要的县（市）、乡（镇）、村三级文化工作体系和服务体系，提高农民群众的文化参与度，推动农村文化服务覆盖整个农村地区。

另外，必须坚持文化产业化原则，大力培育、开拓农村文化市场，为农民提供更多更好的农村题材文化产品。发挥城市文化的带动和辐射功能，把文化设施建设纳入社会发展的总体规划，把文化活动与经销、旅游、科技活动等结合起来，充分利用农村文化阵地设施和乡村专业文化人才优势，推动农村文化市场化，引导各种社会力量投身农村文化建设，开展有偿服务，创造新的服务方式，利用本地文化经营项目，提高农村文化产业化水平。

（二）建立农村特色文化机制

第一，实现农村特色文化产业化。必须始终把转变文化发展的思路贯穿于农村市场化改革的过程中，认识到农村文化产业化发展的趋势，摆脱计划经济体制下"等、靠、要"的陈旧思想，积极主动挖掘农村特色文化资源，用现代文明理念修整和改造传统文化资源，积极培养具有地方特色的地域文化，为拓展农村文化事业发展空间创造条件。

第二，实现农村文化体制的创新，树立主动、开放、竞争等新观念。必须解放思想，改变观念，使农村文化从保守、落后和封闭的状态中解放出来，面向市场，走向市场，建立与社会主义市场经济相适应的文化体制机制。农村文化的民族性和地域性决定了农村文化的异质性和多样性。必须从各地的实际出发发展农村文化，树立特色意识，既要尊重文化的多样性，又要走特色道路，立足于历史的文化积淀和文化样态，努力寻找和收集历史文化和民风民俗中的文化资源，树立和建设特色文化品牌。

弘扬传统文化是新时期农村文化建设的重要任务。在农村文化建设过程中，要特别注重乡村原生态文化和优秀民族民间文化的保护与整理工作。如地方戏、民族民俗、民间工艺、少数民族服饰等要进行深入挖掘，形成特色和产业，对传统文化的符号印记，特别是历史自然景观，在不改变原貌和历史特色的前提下，进行修缮、保护和适度开发，统筹规划，这样不仅解决了农民的精神文化生活需要问题，还为农民带来了财产性收入。要促使广大文艺工作者深入农村，服务农村，把传统文化与现代文化有机结合起来，创造出更多具有时代气息、民间风韵、百姓喜闻乐见的优秀作品。

（三）建立城乡文化的交流与融合机制

促进城乡文化的交流与融合是农村文化建设的主要动力。首先，要求各级政府必须树立城乡文化统筹协调发展理念，制定统筹协调的城乡文化发展政策，打破城乡二元文化格局，实现乡村与城市均衡的文化配置。在资金投入、基础设施建设、公共文化供给与服务等方面都要城乡兼顾，改变城市偏好的局面。其次，要加大对农村文化建设的倾斜力度，实施"以城带乡"工程。由于历史形成的城乡二元结构，我国农村文化建设无论是在资金投入、文化基础设施还是公共文化服务方面都落后于城市。因此，要大力推进农村文化扶贫战略，加大对乡村文化的公共服务设施、乡村文化的人才队伍、乡村公共文化产品服务的建设力度，并以此带动乡村文化的全面发展。

与此同时，还要贯彻落实城市支持农村，工业反哺农业的政策，实现城乡文化统筹发展。在农村文化建设过程中，不但要使农村文化与城市文化和谐共生，还要建立城乡文化互动的新机制，推进城乡文化一体化进程。首先，注重对农民工等城市农村流动人口的教育与培训，使他们逐渐适应城市文化生活，不断市民化，并主动、自觉地向家乡传播现代文明；其次，要充分发挥城市文化的辐射效应，扩大报纸杂志、广播电视、文化场馆、网络传媒、图书出版等向农村市场的覆盖，完善农村的公共文化建设网络，使大多数农民都能享受到现代都市文化的熏陶，建立"三下乡"活动的长效机制，将城市文化资源引向农村；最后，要加大对农村公共文化产品的投入与政策倾斜力度，发展农村公共文化事业，政府政策向农村倾斜。探索对农村文化援助机制，动员社会各界力量，特别是城市单位和居民支持农村文化建设。

三、农村文化管理系统的建构策略

农村文化建设要顺利进行，一个科学而严格的文化管理系统是其必备条件。农村文化建设要保持健康稳定的发展秩序，必须执行严格的管理制度。农村文化管理政策的制定，农村文化引导和监督机制的确立以及农村文化干部队伍和农村专业文化队伍的建设等内容，构成文化管理系统的要件，是维护良好农村文化秩序的重要保证。

（一）制定符合实际的农村文化管理政策

源于长期的二元社会体制，城市优先政策使农村文化发展受到了较大的限制，因此，为保证农村文化建设的健康快速发展，需要制定科学的、符合实际的、可操作性强的文化政策，进一步完善宏观文化管理体制。明确政府在农村文化建设和管理中的责任，坚持政企分开、政事分开、管办分离的格局，进一步理顺职能定位，完善管理关系。要按照强化政府在政策调节、市场监管、社会管理和公共服务方面的职能要求，根据依法行政的原则，调整充实机构，整合力量资源，创新工作机制，顺畅管理关系，加强宏观文化发展规划指导和政策调节，加强文化市场的监管，加强政府的服务工作，加强对社会面的管理。

第一，制定和落实文化投入管理政策，明确政府、社会以及个人在农村文化建设资金筹集中的权利和义务，形成以政府为主、以社会为辅的多元投资体系，并对多渠道的文化建设资金进行科学管理，专款专用。

第二，制定和落实文化经济政策和产业政策，对农村文化产业化、市场化进行管理和协调，积极组织作家、艺术家深入农村，创作形式多样的广大农民喜闻乐见的农村题材文化产品，用农村题材的文化产品占领农村文化市场。同时，对农民自创文化进行政策扶持和资金扶持，使农民群众真正成为新农村文化建设的主体。

第三，坚持一手抓繁荣、一手抓管理，科学合理地进行农村文化市场的政策调控和管理，规范农村文化市场行为和市场秩序。要完善文化市场体系。打破按部门、按区域配置文化资源和产品的传统体制，打破条块分割、地区封锁、城乡分离的市场格局，建立统一开放、竞争有序的现代文化市场体系。要把区域发展的关联度比较高的传媒业、演艺业、艺术品业等行业协调统一起来，充分运用电子商务和网络的优势，努力在资源整合和资源配置上迈出新的步伐，要积极支持文化产业要素市场的发展，推动区域性文化市场的建设。对不文明、不健康以及非法的农村文化产品和文化市场行为，坚决予以打击，要根据文化市场管理的法规和政策要求，采取必要的经济和行政手段引导健康、文明、进步的文化产品，抵制消极和落后的文化产品，为农村文化市场创造健康、文明、和谐的良好环境。

（二）引导农民参加农村文化合作组织

改革开放以来，农民生产的积极性和主动性因家庭联产承包责任制的实行而被极大地调动起来，但分散经营的劳作方式使农民的组织性松弛，再加上农民流动性的加强，人员日益分散，组织程度越来越低，合作意识越来越差，造成农村文化建设的主体缺失。由于市场经济的无限扩张和行为失范，分散性的农民心态失衡，文化需求扭曲，因此，必须注重农民组织性的培育，重视扶持农村文化集群合作组织建设。创建完备的、以合作互利为核心的文化组织，并逐步扩展农民文化合作组织的功能，拓宽市场，担负起文化服务的职能，实现农村文化事业与农村文化市场的有效对接，集中农村各类文化资源，提升农村文化品位，推进农村经济、政治、文化和社会协调发展。

（三）加强农村文化人才队伍建设

农村文化干部和专业文化人才，既是农村文化建设的领导者，又是文化产品的创造者，农村文化建设的整体质量和效果，从根本上而言，取决于这些人才素质的高低以及文化专业化的程度。

第一，建立公平公正公开择优选拔、竞争上岗的用人机制，对农村文化事业单位人员要进行严格的资格认定，优化人才配置，畅通用人渠道，选择真正能胜任和进行实际工作的文化人才进入领导岗位。同时，抓好农村业余文化骨干队伍建设，对民间的艺人、文化能人、文化经纪人，实行经常性培训和规范化管理，为其提供必要的物质条件与资金支持，充分发挥他们的文化创作技能和文化活动的领头作用。鼓励他们积极服务家乡、奉献家乡文化事业，使他们逐步成长为农村文化的设计者和建设者。

第二，选拔和发展一批优秀的大学毕业生到农村从事文化传播工作，为他们提供基本的文化工作条件，使他们成为农村文化工作的使者，补充农村文化工作队伍匮乏的现状。要建立农村文化人才队伍培养和管理的长效机制，避免短期行为，提高农村文化工作的针对性和实效性。为农村文化人才设立专项基金，改善工作条件，提高工资及福利待遇，使这些文化人才队伍能安心进行农村文化创作，树立扎根乡村、服务乡村的工作理念。为切实解决农村文化建设中人才匮乏、素质偏低的突出问题，政府应担负起主体责任。

（四）建立农村文化引导与监督机制

在农村文化建设过程中，政府要发挥引导和监督作用。在地方政府政绩考核和社会发展评价中，要把政府对农村文化建设的领导力度和文化建设成果作为重要指标体系，使政府加大对农村文化建设的资金投入，并不断加大对农村文化基础设施建设的力度，把文化基础设施的建设、文化网络体系的建设等列为硬性和量化的发展规划指标。引导主流文化在乡村文化建设中的主导地位。以发展社会主义先进文化为目标，培育符合农民精神生活需要的健康向上的精神产品，加大对乡村文化的执法管理，整顿乡村文化市场，规范乡村文化市场秩序，为乡村文化的良性运行提供一个安全的外部环境。

四、农村文化保障系统的建构策略

构建一个强有力的文化保障系统，是农村文化建设顺利进行的基础和前提。而经济保障是基础，政治保障是关键，法律保障是条件，制度保障是核心。

（一）为农村文化建设提供资金保障

资金的支持对文化建设而言至关重要，只有在政府主导性投资的基础上，坚持"多予、少取、放活"的方针，确保文化建设支出占财政预算的比例每年随经济发展有所增长。在此基础上，加强政策调控，把文化基础性建设的重点由城市向农村转移，通过多渠道、多方面筹集，更好地解决农村文化建设中的资金短缺问题。

第一，政府层面。各级政府要划拨专项资金，进一步加大对农村文化事业的投入力度。政府在财政预算中对农村文化建设的投资要专款专用，确保农村文化建设的资金需求。同时，政府在对农村文化的投入中要加大对农村公共文化服务体系的支持力度，实施积极稳妥的文化增长机制。

第二，社会层面。广泛吸收社会资本，建立农村文化的资金援助机制。在农村文化建设过程中，要改变计划体制的资源投入方式，整合社会资源，允许包括私人资本在内的各种社会资金积极参与农村文化建设。努力吸收社会资本，特别是民间资本，扩充渠道，开发文化市场、兴办文化产业。鼓励农民出资自办文化，政府积极扶持民间艺人经营各种文化实体，自觉投资农村文化公益事业。要建立工业反哺农业，城市支持农村的文化扶助机制，动员社会力量支持农村文化建设。可以通过各种市场手段引导企业和民间资本投入农村文化建设，各级政府还要提供各种优惠政策，吸引和激励各种社会资本支持农村文化建设。

第三，建立农村文化建设的投入长效机制。从制度上确保财政对农村文化支出的增长高于财政支出的增长，投向文化建设的财政资金的增量向农村倾斜，建立健全中央财政对经济欠发达地区文化建设的转移支付制度。对农村文化建设的投入应采取项目评估、以奖代补的方法，提高资金的使用效益。同时，采取减免税的办法，鼓励民间资金投资农村文化产业。

（二）为农村文化建设提供政治保障

第一，不断加强基层党组织建设，提高农村基层党组织的执政能力和先进性，树立基层党员干部的奉献精神和服务意识，一切工作都要以广大农民群众的根本利益为出发点和归宿，全面增强农村基层党组织的创造力、凝聚力和战斗力，形成推进农村改革发展强大合力，不断提高基层党组织的农村工作水平。基层农村党组织要充分认识农村文化建设的重要性，用先进文化武装农民的头脑，将文化建设纳入农村社会发展的总体战略中，真正实现农村社会的经济、政治、文化、生态、社会建设的"五位一体"。

第二，完善农村文化建设领导考核和监督制度。针对我国农村文化建设中部分领导干部人浮于事的实际问题，要明确领导责任和工作责任，建立农村文化建设的领导干部责任制，实行科学的政绩考核和监督制度，在考核中要充分考虑政治、经济、文化、生态、社会发展的综合因素，特别要考察领导干部在实现农村文化发展目标中的作用，以此作为干部考核的重要依据，完善领导干部政绩考核评价机制。

（三）为农村文化建设提供法律保障

文化的异质性和多元性始终贯穿于农村文化建设过程中，使各种思想文化相互碰撞，既有先进的、健康的、积极的文化，也有落后的、不良的、消极的文化。因此，在当前的农村文化建设中必须加强法治的保障作用，不断规范日益市场化的农村文化，使农村文化建设沿着法制化、规范化的轨道前进。

第一，推进农村文化立法工作，借鉴国外文化建设的有益经验，制定文化产品生产、文化产品宣传、文化遗产保护等相关法律和条例，使农村文化工作有法可依。

第二，在农村社会要深入开展文化法治宣传教育，做好普法宣传工作，增强农民的法治观念，提高农民依法维护文化权益的自觉性。各地政府部门要定期开展"法律知识下乡"活动，定期开展法律援助工作，提高农民的法律意识和依法办事的自觉性。

第三，加强对农村执法活动的监督，规范执法人员的执法行为。各级政府要通过各种培训渠道提高农村执法人员的文化水平和法律素质，增强执法人员的为民服务意识。各级政府还要建立有效的规范、约束机制，规范农村执法人员的执法行为；加大对农村社会违法犯罪活动的打击力度。各级政府和司法部门要严厉打击农村社会的各种违法犯罪活动，保证农村社会良好的社会环境，保证农村社会稳定。只有稳定的农村社会，才能保证农村文化建设的顺利进行。

第三章

现代化新农村的农业经济管理与发展

第一节　现代农村产业融合发展机制与服务支撑

一、现代农村产业融合发展的机制分析

现代农村产业融合的微观主体是由农户、龙头企业、合作社、行业协会等组成，各主体之间通过某种机制组成经济联合体。有的联合形式比较松散，有的联合形式则十分紧密，各主体之间实行"利益共享、风险共担"。在组织体系内得到比较合理的利润，是激励各市场主体或利益主体积极性和创造性的动力，是维系并发展组织体系的基础。农村产业融合发展微观主体之间的利益联结机制，按照利益联结的紧密程度，可划分为合作制、股份制、股份合作制和合同制（订单农业）。近年来，我国各类利益联结机制渐趋完善和多样化。不同产品、产业，不同的发展阶段，各有不同；在一个产业化经营组织中，有的则以一种形式为主，有的多种形式并存。

（一）合作制

合作制就是生产者联合劳动的制度。合作制是指农户通过组建合作社、专业协会或其他合作组织，以团体的形式参与农业产业化经营，从而达到提升自身谈判地位和增强市场影响力的目的。相比较而言，合作社的内部联系一般比较紧密，章程的约束力也比较强；而专业协会的内部组织一般较为松散，章程的约束力也较弱。当前，我国的合作经济组织整体上仍处于初创阶段，普遍存在规模小、组织化程度不高、运作不规范、影响力不大等问题。

合作社在农村产业融合中担任两种角色：①充当龙头组织，实行产销或产加销一体化经营。有的合作社对社员生产的鲜活农产品实行"四统一"，即统一提供化肥、农药、籽种，统一技术培训，统一防虫治病，统一销售产品；有的合作社还负责对社员的产品实行

统一包装，加贴统一品牌；有的合作社还兴办农产品加工企业，并将加工品销售到市场或者转卖给龙头企业。②充当中介组织，一方面代表社员的利益，与龙头企业进行谈判并签订农产品产销或初加工合同；另一方面在合作社内部监督社员按照合同完成各自的生产任务。

合作制的优点在于：①合作社能充分代表社员的利益，通过产业化经营把农户与企业或市场连接起来，既保持了家庭经营的独立性，又提高了农户经营的规模效益；②合作主体通过生产、分配、交换、消费各个环节的合作，降低了中间交易成本，并把由此节省的交易费用保留在合作社内部，有利于积累机制的形成和合作社的进一步发展壮大；③社员之间的合作显示了集体的力量，提高了农户在市场上的谈判能力，有利于保护农户利益。

合作方式的不足之处在于，合作过程较为缓慢，合作组织的组建成本和监管成本较高。

（二）股份制

股份制亦称"股份经济"，是指以入股方式把分散的、属于不同人所有的生产要素集中起来，统一使用，合理经营，自负盈亏，按股分红的一种经济组织形式。股份制的基本特征是生产要素的所有权与使用权分离，在保持所有权不变的前提下，把分散的使用权转化为集中的使用权。

多元化的载体（股份组织），包括土地经营权入股的企业、合作社，可以是农民以土地经营权直接入股企业，或者先入股到合作社，合作社再入股企业，也可以是农民以土地经营权、企业和个人以其他要素入股到合作社，等等，让资本、土地、劳动、技术等各种要素优化配置，实现第一、第二、第三产业融合发展。

为充分实现农村土地资源的资产收益，在所有权、承包权及经营权三者分离的基础上，我国农村土地承包法及其流转管理办法等相关法律制度，规定承包方可以将土地承包经营权评估量化为股权，入股农业合作社。具体是在坚持农村土地集体所有、农业用途不变的基础上，依法取得经营权的承包方，以承包土地或林地经营权的生产性能、数量、承包年限、当地土地流转价格水平为考虑要素，作价出资并入股组建农民专业合作社的行为。农村土地承包经营权入股合作社对实现农地资源的资本化，保障农户承包经营土地收益多元化具有重要意义。农民土地承包经营权入股合作社的典型形式是土地股份合作社。所谓土地股份合作社是指按照农户入社自愿、退社自由和利益共享、风险共担的原则，引导不愿意种田的农户自愿将承包土地经营权折股加入土地股份合作社，由土地股份合作社统一种植水稻、油菜等粮油作物或经济作物。农民入社只参与土地经营决策，参与合作社分红。股份合作社土地的经营管理由合作社选聘的农业职业经理人负责。

（三）股份合作制

股份合作制是以合作制为基础，吸收股份制的一些做法。它将资本联合与劳动联合统一起来，农民既参加劳动，又集资入股，实行按劳分配和按股分红相结合的方式。这种利益联结方式，使农户与龙头企业之间真正形成了"风险共担、利益共享"的关系。

股份合作制既保留了合作制劳动联合的特点，又发挥了股份公司产权明晰的优势，使企业与农户结合成互惠互利、兴衰与共的经济实体。在这种利益联结方式中，龙头企业一般演化为股份合作制法人实体，而入股农户则成为企业的股东和企业的"车间"。农民既以劳动者的身份获得工资报酬，又以股东身份分享加工、销售环节的利润，企业与农民由彼此独立的甚至是相互对立的利益主体变为统一的利益主体。

股份合作制最大的好处是能实现规模经济。股份合作制企业的大规模生产加工，可以使用更先进的机器设备进行专业化生产，综合利用副产品，生产要素的大批量采购和产品供给的垄断地位也可以提高龙头企业在讨价还价中的谈判力量，农业资源和生产要素得以集中有效地使用，生产的社会化、组织化、规模化、标准化、产业化程度最高，农户的风险降低，收入稳定。同时，较之农户分散经营，农业企业具有创新的优势，因为它有进行研究与开发的资本实力，实验室、专业化的研究人员可以实现研究与开发的规模经济，而且农业企业具备快速把研究成果转化为产业竞争优势的能力，创新收益的内部化程度高，创新动力大。

（四）合同制

合同制是农村产业融合发展组织内部各利益主体按照合同条款行使其权利并承担相应义务的一种利益联结方式，其核心是价格形成机制。常见的价格机制有三类：①预设价格，即企业参照上年（季）市场价格，在年初确定或与农户商定一个当年的收购价格；②准市场价格，即企业随行就市或参照当时的市场价格确定一个略高于市场价的收购价格；③保护价，即企业结合农户的生产成本确定一个最低保护价，在市场价高于保护价时按市场价收购，在市场价低于保护价时按保护价收购。相比较而言，预设价格有助于生产者形成一个稳定的预期，从而便于安排生产，但预设价格是一个相对固定的价格，合同双方的履约率较低；准市场价格比较灵活，但具有很大的不确定性，购销双方均须承担一定的市场风险，生产的波动性较大；保护价既可以确保生产者获得一个最起码的收益，又可以在市场价高涨时让生产者获得一个溢价收益，但企业要承担较大的市场风险。

除价格约束外，合同方式往往还涉及一些其他的利益关系，如"优惠服务"，即龙头企业除按合同价格收购农户的产品外，还免费或以优惠价提供种子、技术、信息等服务项目。龙头企业通过开展服务，对农户利益进行补偿。农户得到龙头企业在资金、物力、技术等方面的扶持后，生产成本和经营风险会有所降低。这种联结方式使农户与龙头企业之间的关系趋于稳定化、长期化。再如"利润返还"，即龙头企业根据经营状况，从加工、流通环节利润中拿出一部分返还给农户，这种利益联结方式可以使双方建立起紧密的联系，农户开始关心龙头企业的经营业绩，并在农产品生产、储藏、销售等环节对龙头企业高度负责。这种利益分配机制充分调动了农民的积极性。不过，在农户分享部分利润的同时，龙头企业的组织费用和经营成本就会增加。

从政策导向看，政府鼓励龙头企业通过开展定向投入、定向服务、定向收购等方式，为农户提供种养技术、市场信息、生产资料和产品销售等多种服务；鼓励龙头企业大力发展订单农业，规范合同内容，明确权利责任，提高订单履约率；鼓励龙头企业设立风险资金，采取保护价收购、利润返还等多种形式与农户建立紧密、合理的利益联结机制。同时，政府也鼓励农民以土地承包经营权、资金、技术、劳动力等生产要素入股，实行多种形式的联合与合作，与龙头企业结成利益共享、风险共担的利益共同体。

合同方式的优点是合同形式灵活多样，既可以是单纯的"买卖合同"，也可以是附加企业若干义务的"服务式合同"，还可以是共享流通、加工环节增值利润的"返利式合同"，其缺点是，在市场不景气、产品销售不畅时，农户的利益往往得不到保障；而当产品需求旺盛、供不应求时，公司的原料供应往往又无法保证。这种松散的联合不够稳定，容易受短期利益影响，制约了产业化经营组织的健康、可持续发展。

二、现代农村产业融合发展的服务支撑

推动农村第一、第二、第三产业融合发展是主动适应经济发展新常态的重大战略举措，也是加快转变农业发展方式的重大创新思维。要搭建公共服务平台，创新农村金融服务，强化人才和科技支撑，改善农业农村基础设施条件，支持贫困地区农村产业融合发展，完善多渠道农村产业融合服务。

（一）人才服务支撑

1. 农村产业人才服务的现状分析

（1）职业教育得到重视和加强。近年来，国家高度重视农民职业教育和培训的发展，制定和出台了相应的宏观政策，经费投入也在逐年加大，理论研究得到加强。目前，我国已初步建立起了从高等教育到中等职业教育再到职业技术培训和劳动力转移培训协调发展

的"立交桥",基本形成了以高等农业职业教育为龙头、中等农业职业教育为龙身、农业技术培训与劳动力转移培训为龙尾的大农业职业教育格局。

农业广播电视教育在改革开放中应运而生,农民科技教育培训中心在各级农业广播电视学校中的建立,从中央到地方已经形成了一套完整的网络体系,成为农业职业教育培训工作的主要阵地和常规机构。

农业技术推广机构既承担着农业技术推广任务,又承担着面向千百万农民开展短期技术普及培训的任务,目前从中央到乡镇都形成了完善的网络体系。

此外,近年来伴随着农业与农村经济结构的调整与优化,加之政府的各种激励政策,使得一些龙头农业企业、农业行业组织、农民专业协会也逐渐参与到农业职业教育培训的行列中来。这些社会力量,对促进农业生产经营方式转变,引导和带动农户延伸农业产业链,实现企业、合作社、农户共赢局面具有积极的作用。除此之外,随着农村劳动力非农转移职业教育培训需求迅速增长,一些民办职业教育培训机构获得新的发展。

目前,在我国农业职业教育培训市场中,不同主体参与,不同类型教育培训机构分工协作的系统已初步形成。除此之外,积极推进县级职教中心、农民科技书屋的建设工作,为农民在家门口学习科技文化知识创造条件。同时,新媒体网络平台在农业职业教育培训中发挥着越来越重要的作用。

(2)农产品加工人才培养已启动。近年来,随着我国农产品加工业的快速发展,人才需求快速增长与供给不足的矛盾日益凸显,农产品加工业人才队伍总体规模偏小、结构不合理、综合素质不高、创业创新能力不强,尤其是领军人才、尖子人才不足等问题,已经成为制约农产品加工业转型升级的重要因素。我国已经明确指出,要以促进农产品加工业创新驱动转型升级发展为目标,以提高农产品加工业自主创新能力和市场竞争力为核心,以培养科技创新与推广人才、经营管理人才、职业技能人才、企业家及创新创业带头人为重点,进一步加大政策支持力度,创新体制机制,优化发展环境,加快建设一支规模宏大、结构合理、素质优良、善于实战的农产品加工业人才队伍。

推进农产品加工业人才队伍建设要坚持三个原则:①坚持人才优先与服务产业相结合。紧紧围绕促进农产品加工业持续健康发展,以提高人才队伍素质为重点,以用好用活人才、提高人才效能为目标,努力破除一切束缚人才发展的思想观念和体制机制障碍,加快形成关注人才、发现人才、培养人才、使用人才、爱护人才的良好社会氛围。②坚持突出重点与全面提升相结合。紧紧围绕提升农产品加工业重点领域、重点行业发展水平,统筹推进不同层次、不同区域、不同领域人才队伍建设协调发展和结构优化,全面提升农产品加工业人才队伍素质和能力。③坚持政府主导与社会广泛参与相结合。充分发挥各级管理部门组织引领作用，更好地发挥和调动广大科研单位、大专院校、企业及社会服务机构的积极性、主动性，逐步形成政府主导、企业主体、科研教学和社会机构广泛参与的人才培养工作新格局。

未来，农产品加工业人才队伍建设取得积极进展，人才规模进一步扩大，结构进一步优化，素质能力进一步提高，人才培养体制机制更加完善，人才服务体系更加健全，重视人才工作、支持人才发展、人尽其才、才尽其用的发展氛围更加浓厚。

2. 农村产业人才服务的政策措施

（1）职业教育主要政策措施。随着新农村建设的提出、全国职业教育工作会议的召开，农业职业教育发展目标相应地转变为"培养社会主义新型农民"，国家进一步对农业职业教育和培训政策进行改进与拓展。

第一，农业职业学校开始改革。农业职业学校推行学分制。这是一项增强职业教育灵活性、针对性和开放性的新举措。与此同时，各个职业学校建立相应的配套措施，诸如教学质量管理体制、课程体系等。实施学分制不仅增强了职业学校学习的灵活性与开放性，而且能从客观上促进工学结合。

第二，实施教育扶贫。资助的形式多样，例如采用助学贷款、教育券、奖助学金等。近年来，国家出台了多项关于完善家庭经济困难学生职业教育资助制度的规定，使职业教育资助覆盖面扩大和强度增长。

（2）农村实用人才培训主要政策措施。随着中国农业现代化进程加快，农村实用技术人才需要不断补给。我国要改善农业广播电视学校、农业职业院校、农业技术推广机构、农村实用人才培训基地、农业职业技能鉴定机构的设施条件，提高培训服务能力。加强对农民专业合作社、农业龙头企业、农产品加工企业中的经营和管理骨干、农民经纪人、农产品营销大户的经营管理培训，加强对种养能手、农机手、农民信息员和涉农企业从业人员的技术培训。

3. 农村产业人才服务的未来支持重点

（1）加强政策落实创设。全面落实国家人才队伍建设政策措施，积极争取财政、税收、金融、政府采购、知识产权保护等政策，形成政策支持合力。加强政策创设，把人才队伍建设同落实重点项目、推进重点工作结合起来，加大科技项目、财政项目和强农惠农富农政策支持力度，不断完善农产品加工业人才队伍建设政策体系。

（2）加强人才平台建设。加强以农产品加工科研院所、大专院校和领军企业为重点的科技创新平台建设，进一步完善科企合作、校企合作机制，为科技创新人才发展创造条件。加强各级乡镇企业培训中心能力建设，发挥农村实用人才培训基地优势，建立一批企业经营管理人才和创新创业人才培训基地。选择一批基础设施完善、服务功能齐全、社会影响力大、示范带动作用强的农产品加工园区和领军企业，建设一批创业基地和见习基地，为农民创业创新提供专业化、特色化、个性化服务。加强人才信息服务平台建设，逐步建立覆盖面广、优势互补、资源共享的人才信息服务系统，促进人才信息交流，提高人才管理科学化、信息化水平。健全人才评价使用机制，完善以能力、业绩为主要内容的人才评价标准，探索第三方或专业中介机构开展人才评价，推动人才评价的科学化和社会化。

（3）加强公共服务。各级农产品加工业和乡镇企业服务机构要立足服务产业发展，进一步履行公共服务职责，把服务农产品加工业人才队伍建设作为重要任务，加强队伍建设，强化职业理想、职业道德和职业纪律意识教育，拓展服务功能，创新服务方式，提高服务能力，更好地发挥服务新业态、新模式和新主体发展的重要保障作用。充分调动科研、教学、行业协会和社会中介组织的积极性，整合资源，聚焦聚力，为农产品加工业人才队伍建设提供积极有效的服务。

（二）科技服务支撑

科技服务是现代服务业的新兴业态，是科技创新体系的重要组成部分，是推动创新驱动、经济发展方式转变、产业价值链升级和产业融合发展的强大动力。农业产业结构调整、农业发展方式转变和农村第一、第二、第三产业融合等重任，需要科技服务业提供强有力的科技创新资源支撑。目前，我国农业科技服务机构主要分为行政型和非行政型组织，行政型主要是农业推广体系和农业科研院所；非行政性组织主要是指合作社、龙头企业、行业协会等组织。

1. 农村科技服务的现状分析

（1）基层农技推广体系改革与建设不断推进。近年来，我国不断深化基层农技推广体系改革，通过健全机构、明确职责、理顺体制、稳定队伍、创新机制、优化模式、强化管理等一系列措施，推动基层农技推广体系健康发展。各省不断加强对县级农业部门的指导和管理，紧紧围绕本县农业农村经济工作重点，强化公共服务职能，细化农技推广服务目标任务，及时下达到各级农技推广服务机构，分工到岗，责任到人，并通过严格的绩效考评，强化对补助资金和农技人员的管理，切实做到奖惩分明，提高服务效能。

（2）服务模式不断巩固和创新。基层推广体系不断完善并巩固以"专家定点联系到县、农技人员包村联户"为主要形式的工作机制和"专家+试验示范基地+农技推广人员+

科技示范户+辐射带动户"的技术服务模式，建立健全县、乡（镇）、村农业科技试验示范基地网络。基层推广组织还广泛采用好的技术服务模式、集成轻简适用的农业技术以及科学高效的运行管理机制，积极利用基于移动互联的农技推广服务云平台、农业科技网络书屋等信息化服务手段推广农业技术，推进农业科技进村入户，努力提高技术到位率。

（3）不断加强农技人员队伍建设。在做好基层农技人员岗位教育和知识更新工作的前提下，根据不同需求，采取异地研修、集中办班和现场实训等方式，大力开展农技推广骨干人才培养工作，探索建立农技人员"跟踪科研、学习技术、快速应用"的长效机制。各地结合"特岗计划"，鼓励高校涉农专业毕业生到乡镇从事农技推广服务工作，改善农技推广队伍结构，提升推广服务水平。

（4）社会经营性组织参与科技服务的积极性越来越高。在"政府购买农业公益性服务"的指导下，我国经营性服务体系快速发展并初具规模。据统计，目前包括病虫害防治专业合作社、动物诊疗机构、渔民合作社、畜牧合作社、农机作业服务组织、农机维修厂及维修点、农机经销点、农机供油点、沼气服务站、各类中介服务组织、专业服务公司、专业市场和农业产业化龙头企业，以及各类农产品市场、信息服务平台等。开展的服务主要包括六大类：①一是病虫害统防统治，"一喷三防"；②农机深耕深松，水稻集中育秧和机插秧，玉米、油菜、棉花、甘蔗机械化收获，秸秆、尾菜等农业废弃物回收和处置，农膜回收与利用，配方施肥和增施有机肥，粮食烘干等；③小麦、大豆、常规水稻、甘蔗、新疆棉花等作物统一供种；④畜禽粪便污水、病死畜禽和不合格农业投入品无害化处理，基层动物防疫，水产养殖病害防治等；⑤农业面源污染防治，农产品产地安全质量提升；⑥热线咨询服务，农业云租赁。

2. 农村科技服务的政策措施

（1）制定科学的发展规划。制定科学的发展规划，需要分析目前基层农技推广体系的机构、队伍、运行机制和条件建设的现状，提出基层农技推广体系建设的指导思想和建设原则，重点是从机构建设、运行机制建设和设施条件建设等四个方面提出了建设重点和建设内容。

（2）成立专门的组织机构。如在基层农技推广体系改革建设中，我国专门成立了基层农技推广体系改革与建设工作协调小组，加强部门之间沟通协调，推进政策落实。成立由农业农村部部长担任召集人，中编办、国家发改委、财政部、人力资源和社会保障部、科技部、教育部、国家林业和草原局等相关部门分管领导参加的基层农技推广体系改革与建设工作协调小组。

（3）强化财政资金投入，创新投资方式。在开展政府向经营性服务组织购买农业公益性服务的过程中引入市场机制，通过政府订购、定向委托、以奖代补、贷款担保、招投标等方式，支持具有一定资质的经营性服务组织从事可量化、易监管、受益广的农业公益性服务，创新农业公益性服务有效实现方式。同时积极探索对经营性服务组织建设集中育秧、粮食烘干、农机场库棚等受益面大但收益较低的服务性基础设施的支持方式，提高服务的针对性和供给效率。

3. 农村科技服务的未来支持重点

要以农产品加工业科技创新与推广为核心，促进科技创新与经济发展紧密结合，为推动农产品加工业持续稳定健康发展提供坚强的科技和人才支撑，具体包括以下三个方面。

（1）不断增强农产品加工重大共性关键技术创新能力。加强企业技术需求征集，组织科研单位、各大院校与企业协同攻关，提高科技创新的针对性和时效性。进一步强化企业创新主体地位，全面落实企业技术开发费用所得税前扣除、技术改造国产设备投资抵免所得税和企业技术创新、引进、推广资金等扶持政策，鼓励企业增加创新投入，激发企业创新活力，在科技创新基础上，全面推进管理创新、产品创新和市场模式创新。坚持"引进来"与"走出去"相结合，用好国际国内两种创新资源、两个科技市场，加强国外先进技术引进吸收消化再创新，不断提高自主创新能力。

（2）加快提升农产品产地初加工技术装备水平。要加强粮食、果蔬等大宗农产品烘干储藏保鲜共性关键技术创新和推广，开发新型农产品初加工设施装备，不断降低农产品产后损失水平。要以实施农产品产地初加工补助政策为重点，充分利用农机购置补贴等强农惠农富农政策，加强农产品分级、清洗、打蜡、包装、储藏、运输等环节技术、工艺和设施集成配套，实现"一库多用、一窖多用、一房多用"目标。加强适用技术先行先试，熟化推广一批特色农产品加工技术，提高特色农产品加工水平。

（3）大力促进农产品加工科技成果转化推广应用。要坚持成熟技术筛选、技术配套集成与推广一体化设计、产业化推进，开展成熟技术筛选推广，发布行业重大科技成果，培育科企合作先进典型，引导科研更好地为产业服务。要加强科技成果推广转化平台建设，在办好全国农产品加工科技创新与推广活动和区域性科企对接活动的基础上，加快推进互联网与科技成果转化结合，探索建立线上线下紧密结合的科技成果转化电子商务平台，集中展示最新技术、工艺、装备和产品，为科研单位和加工企业更广泛对接创造良好的条件，有条件的地区要积极建立农产品加工科技成果转化交易中心。全面落实国家科技成果转化扶持政策，完善科技成果转化和收益分配机制，不断激发和调动企业、科研院校的创新积极性，推动科技成果高效转化应用。

(三) 信息服务支撑

1. 农村信息服务的现状分析

当今世界，信息化的迅速发展为产业融合提供了新的引擎和催化剂，加速了产业融合的进程。农业信息服务业也为农村第一、第二、第三产业融合发展提供了新的动力和黏合剂。

(1) 农业信息化基础设施建设加快。全国大部分农村实现上网服务，同时，信息下乡活动进展迅速，建成一批乡镇信息服务站、行政村信息服务点、乡镇涉农信息库、村级网上信息栏目等。

(2) 农业信息化网络平台初具规模。我国农业信息技术应用研究起步较晚，但发展较快。目前，已在农业、畜牧业、渔业、农垦、农机、农业科技教育、农产品市场等领域建立了一批政府、科研机构、农业院校、企业和社会团体等网站，农业信息网络有了一定的规模和数量，农业信息资源得到了一定程度的开发利用。

(3) 农业信息服务模式多样化。常见的农业信息服务模式有中国移动推出的农信通系统、县乡村三级信息服务站及信息连锁超市、各种类型的农业专业协会、农民之家服务场所及三电合一基建项目等。利用农业信息服务站，制作大量农业技术视频，通过机顶盒和电视机为农民提供远程点播；开通市、县两级"三农"热线。通过广播、电视、手机短信、固定电话、农业信息快报等方式实现与互联网的有机结合，极大地拓宽了信息的传播途径。

(4) 信息化技术渗透整个农业产业，对建设现代农业的贡献凸显，如农业信息监测、灾害预防和精准农业。农业信息监测是掌握和分析农业生产环境和条件的有效手段，是利用计算机技术、遥感技术（卫星遥感、航空遥感）、地面接收和分析网络技术所构成的技术系统，是将网络技术和数据库技术运用于农业生产的现代农业生产趋势，是大规模、高效率发展现代农业的技术依据。信息化应用于灾害预防包括两个方面：一是建立地理信息系统（AGIS），将 3S 技术——地理信息系统（GIS）、全球定位系统（GPS）、遥感技术（RS）应用于灾害研究和预防；二是开发利用地理信息系统软件，分析建立灾害技术模型。

2. 农村信息服务的政策措施

(1) 加强组织领导与协调。在各级政府的统一领导下，各级农业部门要明确推进农业和农村信息化的组织协调机构，研究解决农业和农村信息化建设中出现的问题，加强部门之间的协作配合，引导社会力量合力推进农业和农村信息化。

（2）建立健全法规与标准。加快研究制定农业和农村信息化建设相关法律法规，建立健全相关工作制度，推动农业和农村信息化建设规范化和制度化。研究制定相关软硬件技术标准、数据标准、信息采集和处理标准等，重点制定信息采集、存储、加工、处理标准和信息服务规范，加快制定农业信息分类和编码标准。

（3）加快信息资源整合与技术研发。完善信息共享机制，建设标准统一、实用性强的信息共享平台和公共数据库，推动农业和其他涉农部门资源整合。积极鼓励科研部门、院校和企业研究开发低价位、易推广、简单实用的信息技术产品，为农业和农村信息化提供有力的技术支持。

（4）创新投入机制与运营机制。加强农业和农村信息化建设，是政府部门强化公共服务职能的重要任务，必须多渠道增加投入。要建立社会力量广泛参与的信息化投融资机制，建立农业与涉农部门之间、系统上下之间有效的组织协调机制，建立与电信运营、IT企业、民间组织、农民之间的密切协作机制，为农业和农村信息化建设不断注入新的活力。

3. 农村信息服务的未来支持重点

从发展来看，农村电子商务是未来发展的重点领域。

（1）建设新型农村日用消费品流通网络。适应农村产业组织变化趋势，充分利用"万村千乡"、信息进村入户、交通、邮政、供销合作社和商贸企业等现有农村渠道资源，与电子商务平台实现优势互补，加强服务资源整合。推动传统生产、经营主体转型升级，创新商业模式，促进业务流程和组织结构的优化重组，增强产、供、销协同能力，实现线上线下融合发展。支持电子商务企业渠道下沉。加强县级电子商务运营中心、乡镇商贸中心和配送中心建设，鼓励"万村千乡"等企业向村级店提供 B2B 网上商品批发和配送服务。鼓励将具备条件的村级农家店、供销合作社基层网点、农村邮政局所、村邮站、快递网点、信息进村入户村级信息服务站等改造为农村电子商务服务点，加强与农村基层综合公共服务平台的共享共用，推动建立覆盖县、乡、村的电子商务运营网络。

（2）加快推进农村产品电子商务。以农产品、农村制品等为重点，通过加强对互联网和大数据的应用，提升商品质量和服务水平，培育农村产品品牌，提高商品化率和电子商务交易比例，带动农民增收。与农村和农民特点相结合，研究发展休闲农业和乡村旅游等个性化、体验式的农村电子商务。指导和支持种养大户、家庭农场、农民专业合作社、农业产业化龙头企业等新型农业经营主体和供销合作社、扶贫龙头企业、涉农残疾人扶贫基地等，对接电商平台，重点推动电商平台开设农业电商专区、降低平台使用费用和提供互联网金融服务等，实现"三品一标""名特优新""一村一品"农产品上网销售。鼓励有条件的农产品批发和零售市场进行网上分销，构建与实体市场互为支撑的电子商务平台，对标准化程度较高的农产品探索开展网上批发交易。鼓励新型农业经营主体与城市邮政局所、快递网点和社区直接对接，开展生鲜农产品"基地+社区直供"电子商务业务。从大型生产基地和批发商等团体用户入手，发挥互联网和移动终端的优势，在农产品主产区和主销区之间探索形成线上线下高效衔接的农产品交易模式。

（3）鼓励发展农业生产资料电子商务。组织相关企业、合作社，依托电商平台和"万村千乡"农资店、供销合作社农资连锁店、农村邮政局所、村邮站、乡村快递网点、信息进村入户村级信息服务站等，提供测土配方施肥服务，并开展化肥、种子、农药等生产资料电子商务，推动放心农资进农家，为农民提供优质、实惠、可追溯的农业生产资料。发挥农资企业和研究机构的技术优势，将农资研发、生产、销售与指导农业生产相结合，通过网络、手机等提供及时、专业、贴心的农业专家服务，与电子商务紧密结合，加强使用技术指导服务体系建设，宣传、应用和推广农业最新科研成果。

第二节 农村经济发展对农业经济管理的促进作用

一、提供理论支持与制度保障

"农业经济管理主要是根据我国现阶段农业发展状况和农村经济发展水平进行的必要管理，对农产品生产、加工及销售具有直接影响，同时也决定着农村经济发展速度和发展水平。"①

（一）理论支持

为了推动农村经济更好地发展，需要深入研究农业经济管理的相关制度和政策，通过科学的政策为农村经济发展提供理论指导，推动农村经济发展。

第一，调动农民的生产积极性。农村想要发展经济，就必须发挥农民的作用，运用农业经济管理理论，鼓励农民参与进来，在满足农民生活需要的前提下，让他们为社会发展做出自己的贡献。理论指导能从精神层面出发激励农民，农民为了获得更好的物质生活，会更加积极地投入农业生产，从而为农业经济发展提供动力。在传统农业劳作中，农民思

---

①董立强.试析农业经济管理对农村经济发展的促进作用 [J].山西农经，2021（21）：65.

想较落后，阻碍了农村经济的发展。在这种情况下，必须认识到理论思想的重要性，提高农民对经济发展的认知程度，调动农民的生产积极性。

第二，为农村经济发展提供帮助。为了提高农村经济发展效率，必须发挥农村经济的作用。随着社会经济的发展，市场环境得到优化，社会主义市场经济发展速度加快，社会稳定有序发展。但是，农村经济的价值并没有得到充分的重视。国家需要发挥农业经济管理制度的作用，明确农村经济地位，给予人们财政方面的支撑，帮助农村经济实现更好的发展。

第三，能为农村经济发展指明方向。为了推动社会经济更好地发展，必须明确农村经济的发展方向，确保农村经济发展实现良性循环。同时，需要重视农村经济发展效果的提高，发挥农业经济管理的理论指导作用，推动农业经济高质量发展。

（二）制度保障

除了能为农村经济发展提供政策和理论指导，农业经济管理还能为农村经济发展提供制度保障，如财政扶持和政策制定等。财政扶持对实现农村经济更好地发展非常重要，必须认识到制度的重要性，相关部门需要营造良好的氛围，不断完善农村经济发展体系，加快农村经济发展速度。

第一，能健全农村经济发展制度。在农村经济发展中，制度保证是非常重要的组成部分，完善制度条例，为农村经济发展提供支撑，才能有效升级和优化农村经济结构。农村必须重视发展的各种影响因素，从而为农村经济发展提供制度保障。农村经济发展制度建设涉及内容比较多，具有复杂性和长期性的特点，为此，必须探索财政制度和管理制度，优化制度体系，协调各种关系，从而为工作的开展奠定基础，发挥制度的优越性，推动农村经济更好地发展。

第二，能制定有效的财政扶持政策。为了推动农业经济管理更好地发展，在农村经济发展中，必须制定完善的财政政策，并保证政策实施的有效性，发挥制度优势。财政政策的扶持能推动农村经济的发展，营造良好的发展环境，确保发展效率和质量的提高。这种情况下，必须重视财政政策的落实，为农村经济的发展提供帮助。

第三，发挥财政制度的约束力。以往我国农村经济发展采取粗放式的发展模式，导致农村经济发展的系统性比较差，整体混乱、分散，很难形成有效合理的发展模式。农村经济运行效率不高，甚至有些农村地区存在违规和违法行为，严重破坏了市场发展秩序，损害了农村经济利益，挫败了农民参与的积极性。而农业经济管理能发挥财政制度的约束力，规范农村经济，切实提高农村经济发展的实际质量，为农村经济发展奠定基础。

二、营造良好的农业发展氛围

"农业经济管理在对为农村经济发展提供方向指引、促进农村经济可持续发展、为农村经济发展提供良好的环境等方面有促进作用。"[①] 农业经济管理能帮助农村调整农业经济制度，为农村经济发展提供新的活力。在农业经济管理人员清晰了解农村产业结构和地理环境特点的情况下，能为当地更好地发展提供正确的方向。针对性措施的制定，能很好地利用和挖掘当地历史文化和人文特色，丰富农业文化内涵，从而为农村农业经济发展奠定基础。同时，推广绿色生态作物，完善农业生产系统，能很好地改善农村环境。农村特色风景建设能创造更好的农村环境。现代化设备的运用能合理利用农村土地资源，改善生态环境。

实施农业经济管理离不开良好的发展环境，而农业经济管理工作又会推动发展环境的提升，具体表现在以下三个方面。

1. 为农村经济发展提供动力支持

农业经济管理工作的开展和深化，使传统的农村经济发展模式发生变化，特别是各种措施的实施，为农村经济的健康发展创造了一个较为稳定和可预期的环境，有利于调动家庭农场、农民合作社等经营主体的主动性和积极性，有助于培育及吸引专业性人才参与到农村经济发展中来，为农村经济发展提供动力支持。

2. 可以有效地化解农业纠纷问题

农村经济的快速发展必然会引发各式各样的问题，特别是经营主体之间的矛盾纠纷，当矛盾纠纷出现时必然会对农村经济的发展造成严重的制约和阻碍，通过实施有效的农业经济管理措施，能很好地针对各种经营主体之间的矛盾纠纷提出科学、合理的化解之策，及时将矛盾纠纷化解在萌芽状态、减少甚至避免各种矛盾纠纷阻碍农业经济的发展，确保农村经济发展有一个良好的发展环境。

3. 有利于优化农业资源配置方案

农业经济管理可以将农村的生产资源进行整体规划，从整体上对资源进行优化配置，结合当地土壤环境、气候条件制定科学合理的方案，发展适合本地的农业生产，使农民朋友根据市场需求适时调整农业生产，避免盲目种植，尽最大可能减少对农村资源的闲置和浪费，从而最大限度地实现农业资源的有效利用，最终实现农产品产量的增加和农民收入的提高，从而提高农民在农村经济建设中的主动性和积极性，实现农村经济的繁荣，推动乡村振兴早日实现。

---

①朱小乐. 浅析农业经济管理对农村经济发展的促进作用 [J]. 南方农机，2022，53（4）：62.

三、有利于推动农村经济发展与农业发展

1. 有利于规范农村经济发展

在农村经济发展中，需要建立完善的规章制度，规范农村经济管理的行为方式，解决农村经济发展中的不规范问题。分析农业经济管理能根据农村经济发展状况和农业发展状况中存在的问题，深入研究问题出现的原因、质量等因素，在此基础上提出针对性的解决措施，逐步优化和完善农村经济发展中的管理制度，为农村经济发展提供科学的制度保障。

另外，农业经济管理还可以调整农村经济的发展内容，充分结合农业经济管理与农村经济水平，提高农村经济发展的科学性和规范性，严格控制农业生产中的行为方式，充分发挥农业经济管理的促进作用，推动农村经济在现代社会的稳定发展，改善农民的经济状况。

2. 有利于加强农村经济信息化建设

现阶段是信息技术和计算机设备飞速发展的互联网时代，这也为农业经济管理和农村经济发展提供了大量信息技术，有利于农村经济信息化建设。在现阶段信息技术的影响下，农业经济管理充分借助互联网时代的技术优势，提高了农业经济发展效率，进而加快了农业发展中的信息化建设脚步。在农业发展中，能根据信息技术掌握和整理农业发展中的数据信息，及时了解社会市场中的农作物价格，为农业生产和管理工作提供先进的信息技术和管理手段。农业经济管理能将信息技术与农村经济发展充分结合，实时了解社会市场对农业生产的影响，同时结合社会市场对农产品的需求，极大地提高农村经济发展的信息化和现代化。

3. 有利于推动农村农业发展

农业生产是农村经济发展的重要内容，在城乡一体化建设的影响下，对农业生产造成了一定影响，因此要通过农业经济管理推动农村的农业发展，确保农村经济发展的稳定性。农业发展不只是农村经济发展的重要内容，也是社会经济发展的基础推动力。

农业经济管理能针对农业发展中的种植、收割、销售等环节进行有效管理，从而提高农业发展水平。农业供给侧结构性改革对农业发展具有较大影响，农业经济管理能够培养农民的综合素质和技术能力，改变农业发展中的传统观念和传统手段，进而提高农业生产效率和销售效率，达到农业发展预期目标。推动农村经济的稳定发展，有利于实现农业生产转型和农业现代化发展。

第三节　农业经济管理助力农村经济发展的策略

一、优化农业信贷担保，挖掘农村经济潜力

（一）农业信贷担保模式的优化策略

1. 加大地方政府财政支持力度

农业融资担保机构作为政策执行的有力金融工具，其目的是有效地解决农业发展过程中的融资难问题。目前，很多农业公司根据国家、省里相关文件精神，调整业务结构，聚焦主责主业，逐步减少了存量商业性融资担保业务，从而使政策性融资担保业务的发展得到了充足的资金保障。而农业业务本身就有较高风险，同时政策性融资担保项目一般也并不具备较高的担保费率，这导致了农业融资担保公司可持续发展能力较低，仅靠资本金的理财收入很难维系公司的长久发展。所以，应加大财政对农业信贷担保模式下公司的资本金注入力度，从而使其承保能力得到强化，实现政策性业务规模进一步扩大。

同时，当前还必须结合实际情况对农业企业的扶持政策进行优化，具体来讲，①需要对其代偿补偿机制进行优化，从而令其风险抵御能力得到强化。②需要对相关的税收优惠政策进行落实。可以通过财政贴息、涉农贷款税收等优惠政策正向激励，同时取消或者降低对涉农贷款坏账率的考核，解决其开展农业贷款项目的后顾之忧。

2. 改革农业信贷担保模式组织结构与管理方式

（1）改革组织形式，实现层级架构扁平化。农业信贷担保业务拓展要与机构规模相适应，与实际需求相适应，与绩效相适应。通过扁平化的管理，减少层级，可以提高效率、降低成本。扁平化管理就是变三级为两级，撤销县里的办事处。逐步改革：第一步是弱化办事处职能；第二步是收缩，原来1个办事处管辖1个县，改革后由1个办事处管辖3~5个县；第三步是取消办事处。市州层级以一个市州一个分公司，做强市州分公司，把空间扩大。在改革过程中首先要稳住业务；其次要稳住队伍，不能办事处一改革，没有后续的业务交接管理，关键要防止发生次生风险，保持业务不脱节、工作不断档，实现平稳过渡。

（2）改进管理方式，通过建立农业信贷担保模式，紧密联系政府、银行、担保机构合

作，合理配置市场各类资源，确保重要元素的市场主导地位，同时令政府扮演好引导者的角色，重视农业信贷担保模式的创建和管理工作，在相关部门内部引入绩效管理机制，采用KPI①或者平衡记分卡，建立多层级、主体化分工，落实责任，实行全面管理。此外，还可以积极进行综合协调考核机制的创建，在政府绩效考核中加入农业信贷担保模式推进的内容，当政府拥有了任务压力以后，相关部门也就能对此工作引起足够重视，农业工作的开展也就能更加顺利，从而令经济发展以及财政金融目标都得以实现，使农业机构、金融机构以及政府形成共赢局面。

3. 优化农业信贷担保风险治理结构

针对农业信贷担保模式的治理风险问题，需要进一步结合实际情况，完善风险点对策，具体策略如下：

（1）在技术改革上，建立基于政府—银行—企业的信息结构与利益诉求体系，充分利用大数据分析、人工智能以及云计算，将气候预测、资源情况、技术因素等融入大量大数据分析平台中，通过结合农户个人信贷数据、政府担保数据、银行农业金融发展数据以及企业信息数据，综合评估可能产生的信贷风险，实现信息对称，进而做出有效的风险控制。

（2）需要健全行业内部风险防控体系，具体措施包括：①当前农业信贷担保必须对自身的风险管理理念进行强化，令所有工作人员都能对风险管理工作引起重视，从而实现担保业务的风险管理目标。②优化业务流程，调整部门设置。对农业信贷担保模式内部，根据各部门的职能职责，精简机构内部设置，科学制衡内控，风险控制与决策要合理区分，在制度方面厘分清楚，堵塞风控上的漏洞。同时加强与银行业务合作，借助银行在信用审核等诸多方面的专业能力来使农业企业经营风险得到有效控制。③政府部门也必须结合实际情况进行风险管控机制的构建，对银行以及农业企业的风险责任进行明确，同时对相关的风险应对举措进行优化，要形成农业公司、银行之间权责分明、互相监督的机制，并按照业务发展时间来对相关制度机制进行调整和优化，有效提升风控质量。

4. 加强农业信贷担保模式人员培训

体系内部在进行员工招聘时，需要优先选择各领域的专业人才。在其入职以后，还需要积极开展培训工作，使新进人员的业务技能得到强化，可以快速适应岗位。对在体系工作很久的老员工，则需要为其提供继续教育培训机会，令其通过这些培训能及时了解各类

---

①KPI（Key Performance Indicator），即关键绩效指标，是通过对组织内部流程的输入端、输出端的关键参数进行设置、取样、计算、分析，衡量流程绩效的一种目标式量化管理指标，是把企业的战略目标分解为可操作的工具，是企业绩效管理的基础。关键绩效指标是用于衡量工作人员工作绩效表现的量化指标，是绩效计划的重要组成部分。

新规定、政策，从而提升其工作效率以及质量。要打造一支懂农业、懂金融、懂市场的高素质、高水平的专业人才队伍。除此以外，一个企业，要想实现可持续发展目标，其员工也必须具备责任意识，像农业企业这类风险较高的企业更是如此。究其缘由，则是因为若员工的责任意识不强，就很容易引发各类风险的出现，从而令体系内公司的发展受到阻碍。要想避免出现这类情况，农业企业必须对企业文化建设工作引起足够重视，令员工的责任意识得到强化，为自身的健康发展提供保障。

5. 构建农业信贷担保信息服务平台

随着机构网络及人员下沉、服务不断深入、农业担保机构的业务发展和管理提升均离不开科技力量的支持。通过构建信息服务平台，打破融资、担保供需双方的"信息藩篱"，有效发挥农业行业的市场价值。

（1）借助于人工智能、区块链、大数据应用等，对农业从业主体以及经营主体的情况进行动态跟踪和监测，通过人工智能分析，得出主体人员或者是企业的画像。画像内容包括个体资质、个体信誉、个人贷款情况、农业经营情况等。通过大数据，对比农业信贷担保风险机制，确定风险指标，对相关人员或者是企业进行综合评分，剔除得分较低的人员，为得分较高的人员最大限度地提供贷款。通过区块链，结合数字货币的推广，将农业发展与数字化结合在一起，利用试点的形式，保证农业资源的保值，进而避免信贷风险。

（2）利用科技赋能提升业务质量、管理能力。农业公司可逐渐从单户申请、单笔审批的传统业务模式向批量化、全线上申请的方向转变，通过跨界合作引流的模式，实现获客渠道多元化，扩大服务边界。随着科技能力的增强，农业公司可以互联网平台为载体，与农业供应链服务商深度合作，打破传统农业信贷模式的时间、空间与成本约束，提升农业信贷的普惠性，减少信息不对称的影响。此外，农业公司可以引入农业部门、征信管理部门、行业核心企业、行业协会、科技公司的数据和场景，从而实现多维度数据交换，减少农业担保中信息不对称的影响；通过智慧农业物联网技术，还原借款申请人生产经营状况，实现物流、资金流、信息流合一；通过对接工商、税务、公安等系统数据，实现对经营主体"硬数据"及"软信息"的交叉验证；通过整合内部历史数据、实现"三农"经营主体建档立卡，有助于培养"三农"经营主体的信用意识。

（3）科技赋能建立有效、适用的风控体系。未来农业公司的立足之本，必将是自己的底层数据积累、风险定价模型和标准化产品模型。金融科技手段的提升，有助于打造立体化、动态化的风险控制体系；通过科技手段，农业公司可以引入第三方大数据进行反欺诈、多头借贷等风控要素筛查；通过人脸识别线上签约，提高签约的便捷性和风险的化解效率；通过内部数据积累和外部数据接入，可进行多维度数据交叉验证，建立动态风险监测系统，提升风险管控水平。

（二）农业信贷担保模式的优化效果

1. 形成三位一体的担保模式

农业信贷担保模式可以形成"国家—省—企业"三位一体的担保模式。这一模式不再以担保企业或者农业生产主体自身作为主要担保人，而是通过国家政策规划以及省级财政的接入，利用乡村振兴、产业融合的契机，制定出的合理担保策略。对金融机构而言，当农业生产主体因为自身的问题而导致无法获得贷款的时候，政府可以从我国政策的角度入手，以财政资金作为担保，鼓励金融机构提供农业生产贷款。此外，政府对担保机构的接入，可以进一步规范担保市场，保证担保金额的提升，避免由此产生的担保风险。

2. 实现对农业信贷的结构性支持

政府加大财政支持的力度，并且将农业信贷担保业务纳入地方政府绩效考核范围，可以形成一种激励作用，提高贷款绩效的提升。此前的农村贷款担保模式中，缺乏基于政治层面和行政角度的安排，在新的担保模式中，通过政府的介入，可以有效地降低担保企业的担保风险以及金融机构的坏账风险，以政府为主导，进行了担保风险分担。同时，也可以基于个人信息，建立信用档案，在监督检查的基础上，完成涉农贷款。在新的机制当中，将绩效考核作为担保机制形成的主体之一，可以有效地激励担保机构的责任感，对涉农贷款进一步规范和优化，保证贷款效率和质量。财政通过贴息注入和资金补助，可以激发贷款人的热情，减缓还款压力，同时也可以为金融机构的盈利提供一定的支持，与金融机构和担保机构的联动，形成一种风险代偿，能刺激涉农贷款资金的释放。将贷款绩效与个人和机构结合起来，列入考核，能让相关的人员更加积极。

3. 强化对担保机构与平台治理的支持

针对农业信贷担保机制方面存在的问题，对其担保机构和平台进行治理，能进一步保证担保的有效性，降低担保的门槛，提高担保的效率，形成集"层级化+机构协作+风险控制+信息化应用"于一体的支撑体系。

在现有的模式下，传统的贷款风险被逐渐分解，对商业银行而言，因为政府或者担保机构参与了利息和风险分担，所以其贷款风险指数迅速降低。此外，因为信息化的应用以及相关机构的担保审核，银行等金融机构可以根据贷款人的年龄、身份、经营业务、个人经济实力、信誉度等条件，筛选适合的贷款内容，从源头进行把控；对担保企业而言，因为机构合并和相关人员素质的提升，能实现有效的合作，使所承担的担保责任被分担到政府身上；对贷款人而言，因为信息化的处理，可以提升贷款申请的效率，并且获得符合自己需求和偿还实力的金额，完成个性化定制。

二、打造农产品品牌，发挥农业品牌经济效益

（一）农产品品牌的特殊性与作用

1. 农产品品牌的特殊性

农产品品牌具有一般品牌的共性，即作为一种产品信息的识别标志，能让消费者对品牌忠诚，约束生产者保持产品质量、维持产品形象，提升产品竞争力。由于农产品自身的一些产品特性，如农产品的可分性（生产规模可大可小）、农产品极强的地缘性等，使农产品品牌建设还有其特殊性。

（1）品牌更具地域性。一般而言，只要具备生产资料和相关技术，任何地区都有条件生产出符合质量标准的工业品。工业品受地域的影响较小，而农产品与之有很大不同。农产品品质受外界环境影响很大，不同区域的地理环境、土质、温湿度、日照等自然条件的差异都会影响农产品品质的形成。即便是同一品种，也很可能随外部环境的变化而产生较大的品质差异。地域性在农产品区域品牌方面的表现尤为明显。地理标志作为一种区域品牌就是对特定农产品与其地域来源之间的关系的证明，如新疆香梨、南丰蜜橘、日照东港绿茶和涪陵榨菜等地理标志均反映了农产品品牌的这种特殊性。由于农产品品牌更具地域性，农产品品牌的创建较工业品难，是一个集文化、经济和历史于一体并相互作用的过程，更为注重对传统资源优势的利用和挖掘、传统名优产品的保护和改进。

（2）品牌创建主体更多元。工业品品牌建设需要行业协会的推动作用，但它主要是一个企业行为，这区别于农产品品牌。由于农产品的可分性和品牌建设环节上的复杂性，单个农户较难独立地完成一项农产品品牌建设。农产品品牌建设是一项群体性活动，它既是农民的行为，也是农业企业的行为。此外，还需要有农业行业协会以及政府的参与和支持。如对区域品牌来说，每个农户、农产品企业或者专业合作社均是品牌的创建者与经营者，是品牌的共享主体，且与当地政府和农业行业协会有着密切的联系。对农业企业品牌也是如此，农业企业向农户收购的初级产品的质量是企业产品质量的基础，企业与农户之间的利润共享机制决定了农户必须参与农业企业的品牌建设，农户的行为在一定程度上影响着企业品牌的维护。

（3）品牌效应的外部性强。一般情况下，工业品品牌只惠及所属企业旗下的产品组合，而农产品品牌却有较强的外部性，像地理标志或者某个被公众普遍认同的农产品品牌概念就会产生较大的外部性。

第一，区域品牌的外部性。地理标志是准公共物品，对原产地农户具有明显的外部性。对符合条件的原产地农业生产经营者，区域品牌的品牌效应使其无须付出成本而获得消费者认同。地理标志对特定产区以外的同类产品还具有排他性，使区内生产者获得垄断受益。如"章丘大葱"地理标志的注册人为章丘大葱科学研究会，该地理标志的保护范围是章丘中北部的辛寨、圣井、水寨等12个乡镇，充分显示出农业区域品牌的正外部性。

第二，品牌概念的外部性。如华龙日清集团推出今麦郎"弹面"的概念，符合了消费者认为"弹"可以更好地体现面的韧性的观念，遂成为一种高品质的象征。因为"弹面"概念不具有企业特性，在生产技术上也容易模仿，之后就出现了很多同行业竞争企业的无偿借用，成为整个行业的共有资产。

综上所述，由于农产品的特殊性，使农产品品牌建设过程不同于工业品等其他品牌。一方面，农产品品牌的地域性特征要求其保护模式有所创新，其中"行业协会+地理标志"被认为能较好地防止非原产地产品冒用和原产地企业滥用农产品品牌；另一方面，农产品品牌存在创建主体的多元性和品牌效应的外部性，它使品牌的建设主体相对缺乏创建和维护品牌的积极性，并且在一定程度上增加了农产品品牌建设的复杂性和难度。

2. 农产品品牌打造的作用

"随着现代网络信息技术手段的日益发达，农产品的营销推广模式也开始更加多样化，我国的农产品营销逐步走向了品牌时代。"[1] 农产品品牌建设与工业品品牌建设相比具有更多的社会价值，下面分别从农民、政府和消费者三个角度阐述。

对农民而言，农产品品牌建设有利于收入水平的增加。农产品品牌建设推动了订单生产，鼓励农户根据其本身或其所在的乡村组织同农业企业或行业协会之间签订订单，有计划地组织安排农产品生产，规避蛛网波动带来的市场风险，确保农产品稳定的销量和畅通的渠道。农产品区域品牌经注册后获得商标专用权，将地方资源优势转变为品牌优势，维护了特定产区农户的合法权益。在农产品品牌建设中产生的优势品牌带来超过农产品价值以外的附加价值，即品牌价值溢价，使农民收入有了较大幅度的增长，在一定程度上促进了"三农"问题的解决。

对政府而言，农产品品牌建设促进经济发展。农产品品牌建设有利于形成较好的市场机制，促使生产要素资源和消费品资源按市场化原则进行流动。农产品品牌建设将生产领域和消费领域的市场机制结合起来，使其通过建设优质农产品品牌实现社会资源的优化配置。这有利于打破区域、部门的分割和封锁，限制不正当竞争，创造平等公正的竞争环

①刘冬林，樵楠. 新时代农产品品牌战略及营销策略［J］. 农村实用技术，2022，251（10）：67.

境，促进市场经济快速发展。此外，充分发挥农产品品牌效应，形成具有竞争力的农业产区和优势农产品，有利于辐射和带动周边地区整体竞争力的提高，促进农业和农村经济的发展。

对消费者而言，农产品品牌建设有利于满足健康消费需求。品牌农产品在产品质量、文化内涵、包装广告等方面均趋于规范，使农产品品牌成为对消费者选购产品有支持作用的一个重要信息源，它有利于解决农产品市场信息不对称的问题。同时，农业生产者为维护品牌形象和品牌声誉，必将恪守给予消费者的利益，保证农产品有稳定的高质量。

（二）农产品品牌打造的具体对策

1. 加强农产品的品牌意识

进行农产品品牌建设，应该形成对知识产权的保护意识。农产品品牌建设不仅是培育品牌的过程，也是维护品牌的过程。

（1）农业生产经营者要积极进行商标和专利的申报和注册登记。政府有关部门也要督促和指导农产品生产经营部门完成申报注册工作。

（2）重视地理标志的申请和保护。地理标志的权利主体可以是龙头企业、行业协会或者政府指定的地理标志产品保护申请机构。我国有市场影响的地区性农产品尽可能多地申请地理标志，在加强地理标志保护的同时，还应提高农业企业的商标意识，从而使农业企业的产品可以受到地理标志证明商标和自身商标的双重保护。这也就是在共同维护区域品牌的同时建设农业企业自有品牌的过程。

农业生产者只有充分意识到品牌作为一种新竞争力在当今贸易中的重要作用，才能树立新的农业发展观。随着生活水平的不断提高和品牌意识的加强，消费者会愈加信赖和倾向品牌农产品，农业生产者只有实施品牌战略才能在竞争中生存和发展。

2. 重视农产品的质量基础

质量是品牌建设的基础。农产品的质量过关，才能谈到农产品品牌建设的问题。我国许多农产品产量在世界上都居前列，但是其国际竞争力却不强，这与农产品的质量不高有很重要的关系。针对农产品在安全性、风味性和营养性等方面存在的问题，应该从以下两点提高农产品质量水平。

（1）全面提升农产品质量。农业生产者需要不断学习先进农业技术，科学地管理农业生产，实现农业生产的标准化，为农产品品牌建设打好基础。农业企业在收购农产品时应对整个生产过程，从品种选育、产品培育、病虫害的防治、农药使用、仓储等进行质量监控和定点收购，对未能达到标准的产品不予收购。农业企业还应加大科研资金的投入，积极引进农业科技人才，改革激励机制，促进技术创新，使农产品不断向高附加值产品延伸。不断完善农产品物流基础设施的建设，实现产后农产品质量的维护和保证。

（2）完善农产品质量安全体系。

第一，健全农产品的标准化体系建设。将企业化的质量管理模式引入农业领域，以标准化生产保证农产品品牌的品质。农业要逐步建立以品种质量标准、产地环境标准、农业投入品标准、生产技术规程和农产品质量标准等为主的系列标准，使农产品生产的各个环节都有标准可依。我国农产品安全质量标准的制定应重视时效性、缩短标准修订和复审周期、提高采标率、细化分类和增强针对性，农药残留项目尽可能与国外要求保持一致，以保证我国检验通过的农产品也能符合国外标准。按标准进行生产，不仅是提高农产品质量的重要手段，也是提升农产品品质使之成长为优质品牌的技术基础。

第二，建立农产品质量安全可追溯制度。农产品追溯制度有利于确定农产品的身份、历史和来源，增强通过生产和销售链追踪产品的能力，是农产品质量安全管理体系成功的要素之一。

第三，加强农产品检验检测体系建设。突出抓好农业质检机构基础设施建设，完善检验技术手段，提升农产品检验检测能力和水平。

总而言之，相关部门应针对农产品质量安全工作的特点、难点和重点，构建长效机制、提高监管能力，努力加强农业标准化生产能力、农业投入品监管能力、农产品质量安全例行监测能力、农产品质量安全追溯能力和农产品质量安全技术创新能力的建设，进一步提高我国农产品质量安全水平。

3. 深化农业的产业化经营

进行农产品品牌建设，需要围绕某种产品生产，形成种养、产销、服务一体的专业化生产经营，做到每个环节的专业化和产业化。农产品生产者要从原来的各自为政，到共同发展，培育具有市场竞争力的优势产业和产品，实现农产品的最大价值。因此，农产品品牌建设亟须实行农业产业化和整合品牌形成合力。

（1）加强农业产业化建设。进行农产品品牌建设必须进行农业产业化经营，形成规模经济效益，实施农业企业、生产基地、农户相结合的运行机制。在生产方面，建立行业协会，实行不同程度的企业化管理与经营；以特色农业为龙头，聚集众多分散生产单元，走规模化和标准化道路。在市场方面，建立有特点的品牌产品产地市场，集中销售当地的名优农产品，同时建立稳定的销售渠道，开拓新的业务关系，促进农产品的大流通。在销售方面，将农产品品牌与产品的包装、标签和农业企业的视觉形象相结合，提高其品牌形象，运用多种促销手段扩大农产品的知晓范围，提高公众对农业企业形象的认知度和美誉度，建立和保持高度的品牌忠诚。我国大多数地区存在的农业无序生产的现状亟须改变，必须以形成品牌竞争力为目标，实现农产品种植、培养、加工和销售一体化的经营。

（2）整合分散、细小的农产品品牌。"一品多牌"造成各种优质农产品很难形成合力，这在我国多种农产品的市场上都存在。农产品等级不明、质量标准不一、质优价不优、市场知名度不高、产品竞争力不强及所占市场份额小等，严重阻碍了农产品品牌建设。农产品品牌整合可以在农业企业自愿的情况下双向选择整合，也可以由相关部门统一申请地理标志。地理标志只有经审查合格后的农业生产经营者才可以使用。农产品品牌整合过程必须以保证和提高农产品质量为核心，才有利于提升农产品品牌形象，增强品牌渗透力。品牌整合后，农产品统一品牌、统一标识、统一包装、统一价格（一定区域范围内）、统一销售。在农产品品牌建设过程中要坚持"共享品牌、共享资源、共享信息、共享利益、共担风险"的原则，使整合品牌的农业企业互惠互利、共同发展。

4. 加大政府对品牌的支持力度

农产品品牌建设比较特殊，较工业品品牌建设更为复杂和缓慢，需要政府给予农产品企业或农业合作组织更多的政策支持和保护。

（1）增加对农业的财政投入。政府应大力推进农业科研创新和科技推广，加大政府对农业的公共投入，为农产品品牌建设提供技术支持。我国农业的发展必须走科技兴农的道路，国家对农业科研机构科研经费的投入要有保障，继续把农业科研投入放在公共财政支持的优先位置，提高农业科技在国家科技投入中的比重，明确农业科研单位公益性的创新主体地位，加大公共财政的支持力度。同时，政府还要加大对农业科研基础设施建设的投入，提高农业基础设施建设费在"绿箱补贴"中所占的比例；加快水利设施、能源设施、农业物资、交通运输和通信设施的建设，从而提高我国农业的劳动生产率，提高我国农产品的国际竞争力。政府应改善农业科研单位的基本待遇，建立吸引农业人才的激励机制。

（2）加强服务型政府建设。政府要从根本上转变政府职能，由行政领导者转变为信息提供者和市场服务者，鼓励农产品市场的有序竞争。政府不单是市场规则的制定者、市场秩序的维护者，还应是经济运行过程中的调节者、参与者。政府不仅要向社会提供公共产品与服务，还需要为经济的发展制定长期性、指导性的发展战略，以避免和克服市场可能带来的短视行为。农产品品牌建设具有外部性、信息不对称等问题，市场对它的调节能力有限，需要政府的介入。政府要以需求导向为发展指针，以农产品的市场前景为基准，立足资源优势，进行市场容量、市场消费人群的预测以及市场定位的工作，去做农业企业做不到的事情。政府应对比国内外的比较优势，全面分析区域资源优势和农产品优势，帮助和指导农产品生产者开发具有内涵和特色的名牌产品。

（3）加大农产品品牌的宣传力度。政府可以关注国际农产品市场动态，加强与国际认证相关组织的技术交流和合作，推进我国农产品的国际互认工作。通过签订对我国更为有利的多边和双边农产品协议，为我国农产品打入国际市场创造良好条件，客观上推动我国农产品品牌建设。如智利政府为了将本国果品顺利出口到我国，邀请我国政府对智利的鲜食葡萄、苹果和猕猴桃进行有害生物、风险评估，并与我国检验检疫部门协商、签署协定书。议定书对输入我国的水果的产地及有关病虫害控制等检疫卫生条件提出了要求，符合议定书检疫条件的智利鲜食葡萄、苹果和猕猴桃，都可按正常贸易程序进入中国。农产品的品牌效应具有外部性特点，类似于一个准公共产品，所以品牌的推广需要政府来支持。政府要充分挖掘和利用国际媒体资源，向国外民众推介中国农产品文化，利用文化渗透在外国消费者心中树立我国农产品品牌的良好形象。同时，政府要积极利用会展、论坛等国际交流活动的机会，推介本国农产品，与世界各地政府和企业学习交流。

5. 注重农产品的品牌管理

（1）成立品牌管理组织，吸引农业人才。农产品品牌建设需要设立专门的品牌管理组织。在消费者方面，品牌管理部门必须明确消费者需求，依据总体战略规划，通过广告宣传、公关活动等推广手段，实现目标消费者对农产品品牌的深度了解。在消费者心中建立品牌地位，培养高度的品牌忠诚。在竞争者方面，品牌管理部门要根据市场的实际情况、竞争者在市场中的地位、竞争者的态度等相应地建立竞争或合作的关系，整合市场资源和企业资源，通过合作共促发展。

农业生产经营需要合理搭配专业人才，分工明确，权责明晰，提高工作效率。农业企业应不断吸引经验丰富、专业知识完备的品牌管理人才，运用品牌管理团队的合力不断提升农产品品牌形象，增强产品竞争力。

（2）加强农产品整体品牌形象的管理。农产品品牌建设要从"整体产品"的概念出发。如果说质量过硬的产品是品牌建设的基础，那么品牌定位和文化提升即是品牌建设的落脚点和精神内涵。

第一，寻找合适的品牌定位。品牌定位有两种途径：一是集中于消费者，二是集中于竞争者。这两种方式都要满足目标顾客所需要的品牌利益，前者根据目标顾客的期望利益去建立有利的品牌形象，后者通过区别竞争者品牌以获得目标顾客对本品牌的独特认识。所以，农产品生产经营者应综合运用各种资源，多渠道、多层面挖掘有效的区分创意，提炼品牌定位点。

第二，注重品牌的文化建设。品牌农产品不仅要满足消费者的物质需要，还要满足消费者的精神需求。农业生产经营者应高度重视品牌文化建设，利用历史文化提升品牌形象、区隔其他竞争品，增加品牌的文化附加值和含金量。对传统农产品而言，品牌所有者应不断宣传其古来有之的农产品文化，并结合新时代的需求提炼和赋予其现代文化内涵。对加工农产品而言，农业企业之间的竞争在知识经济时代更多地表现为企业文化的竞争。

6. 加大行业协会引导力度

行业协会在农产品品牌建设方面可以发挥较大的作用。

（1）行业协会应该将众多小规模的农产品生产者组织起来，引导区域内农产品品种结构优化发展，提高农户参与市场竞争的能力，规范生产方式，为农产品品牌的发展创造条件。

（2）行业协会应该为农业企业提供沟通和交流的平台，使企业在协会内共享有关产情、价格和技术更新等各种信息，这将有利于农产品生产企业应对市场风险和生产技术的更新。

（3）行业协会应积极宣传和维护农产品品牌，在行业内通过评比评选的方式推介优秀农产品企业及著名品牌，帮助企业取得消费者对品牌产品的信任感。在农产品品牌出现信任危机时，行业协会在危机处理方面往往比单个企业具有更强的能力和更高的可信度。

（4）行业协会应发挥自律功能，约束会员企业之间的盲目和恶性竞争，特别是在目前消费者对农产品质量普遍重视但又缺乏监督机制的情况下，行业协会可以替代政府的部分监督职能，防止企业通过掺假制假等手段破坏公平市场竞争，导致农产品品牌，尤其是农业区域品牌遭受损失。

（5）行业协会应加大对农户的培训力度。基于农产品生产较为分散的情况，生产者大多缺乏先进的种养殖技术，造成产量不稳定和质量较低，行业协会应积极组织专家、技术人员开展有计划的知识培训，帮助提高小规模生产者的技术水平。

7. 发挥农业品牌经济效应

三品一标农产品主要指具有农产品地理标志的有机农产品、绿色食品和无公害食品。在农业经济发展过程中，农产品始终为第一推动力，也是农村经济发展的主要生产要素，该种生产要素可以满足消费者对食品安全性的需求，如果可以加大三品一标产品的市场推广效应，可以实现农产品质量成倍增长，该地区农产品宣传成本降低，提升市场认可度，缩短进入市场的时间，最终实现农民增收致富，通过农产品之间的市场比较优势，促进该地区农业经济的发展。

因此，在今后的工作中，相关部门应该充分发挥农业品牌的经济效益，突破资金供给和实物要素的双重局限，汇聚各方优势，加大宣传力度，多元筹措启动资金。在尊重村民意愿的前提下，借助当地土地、劳动力等资源投资建厂，或者运用创业众筹平台，畅通资金贷款融通渠道。同时打造生态化农产品，在乡村振兴战略背景下，为了实现农村美、农民富的最终愿景，应该将三品一标农产品的培育、种养作为最终目的，吸取生态化种植经验，鼓励规模化畜禽养殖场加大节能减排力度，改善生态环境质量，提高农村环境监管水平，加大畜禽养殖污染防治力度。做好畜禽防疫工作，尽量少用或者不用抗生素预防疾病，而是通过中草药预防方式，增加机体免疫力，提高畜禽产品质量，加大生态养殖宣传力度，最终促进农村地区生态养殖健康稳定发展。例如，利用鸡、猪、蝇蛆生态饲养模式，利用鸡粪并添加有机饲料喂猪，猪粪养蝇蛆，养殖之后，将蝇蛆进行制粉还田，该种肥料蛋白质较高，可以满足农作物的生长所需，并且所有饲料和粪便都经过无害化处理，生态效应和环境效应十分显著。通过该种方法，可以有效打造三品一标农产品，最终发挥品牌效应。

第四章

现代农村基层社会治理的法治化推进方略

第一节　巩固农村基层治理的法治基础

一、深入推进农业法治建设

在我国农村，农民日常最关心的基本就是自家的土地及其收益，因此增强农村经济实力应先围绕实现农业发展、提高农民收益问题。但是，由于农业法治建设滞后，导致当前农业基础依然薄弱，实现农民增收仍然较为困难。因此，必须发挥法治在促进农业发展中的巨大作用。总体而言，加强农业法治建设就是要构筑起对农业支持保护的法律制度。

1. 完善农产品价格保障法律制度

"从对农业的支持和保护方面，可以起到推进农村法治建设的作用"①。在推进国家工业化的进程中，不少国家都意识到农业为工业化背负的重担、付出的代价，因而将加强农村法制体系建设的宗旨贯彻于制定系统的法律过程中。例如，美国施行的《农业自由法》规定了政府对农业的支持、补贴与农业商品价格脱钩，即无论农业商品价格如何变化，农业生产者都将得到相应的补贴，从而增加了其收入而降低了风险。毫无疑问，我国农村法治体系建设有利于促进农村法治化进程，会为进一步促进农村经济社会发展保驾护航。在农村，获取粮食等农产品是农民生产劳动的直接目标，其价格的高低也直接关系到农民的利益。因而，有必要转变当前主要依靠国家政策的方式，从法律规范的层面（如立法或修法）确立农产品价格保障制度，调动农民的积极性，实现农产品增产与农民增收的有机结合。此外，为更好地引导生态农业与循环经济的壮大，须通过颁行相关法律的形式协调农业与工业的发展。综合看来，农业法制体系是否完善直接关系着农业保护的效果，通过相应立法来保障农民利益，能有效地利用法律调控达到农业可持续发展的目标。

---

①曹贤信，何远健，左群. 农村基层治理法治化的理论与实践［M］. 南昌：江西高校出版社，2018：74.

2. 制定专门的农业投资相关制度

我国也可以制定专门的农业投资相关制度，为优化产业结构、发展现代新型农业等提供法律保障。通过该制度可做好以下方面的工作：借助法律的支持，加快现代农业发展步伐，利用机械化农业的集约化优势，实现现代农业的建设目标；提高农产品的科技含量，增强劳动者的生产素质，加大对新型农业的支持力度，加强对农民创业创新的要素供给、业务辅导服务；调整改善农村产业结构，在保障农业安全的基础上，适当增强第二产业实力，积极扶植第三产业，拓宽农村就业渠道、增加农民收入来源；探索建立涉农资金统筹整合长效机制，加强财政支农政策顶层设计，优化财政支农投入供给，推进行业内资金整合与行业之间资金统筹相互衔接配合，理顺涉农资金管理体系，创新涉农资金使用管理机制，改革和完善农村投融资体制，切实提高国家支农政策效果和支农资金使用效益。

3. 科学完善农业保障的法律制度

今后应制定农业保险法律，从法律层面确保农民利益，从而建立与农业相关的科技、法律、信息等服务性产业。要达到这一目的，可以从配套措施方面推进农村法治建设。在农村法治建设时注重采取配套措施，不能把农村法治置于孤立的环境中，而应认识到其与整个法治系统中的其他子系统是相互交织、共同起作用的。这些配套措施主要体现为：首先，完善保护私权的法律制度，出台一系列有关保护私有财产的法律，特别是要制定民法典，从而为农民的生产生活提供保障。其次，进一步使自由、平等、法治等思想观念深入人心，使人们在具体的经济交往及日常生活中倾向于通过法律途径以保护自身权益。因此，思想理念的优势为农村法治建设夯实了思想基础，这有利于农村法治的发展。最后，重视公共教育及提高人口素质，丰富的人才资源为推进农村法治建设、实现农村和谐奠定了坚实基础。总而言之，上述各种配套措施的存在，为农村法治建设营造良好的外部环境，客观上会发挥推进农村法治建设的重要作用。

4. 从农业组织方面推进法治建设

从农业组织方面推进法治建设主要体现在有关农业合作社法律制度上。作为农业组织化的一种主要形式，农业合作社对农业现代化进程起到了十分重要的作用，这种做法可以为农业合作社的发展提供法律保障，最终使我国农业合作社充分发挥促进农业发展、维护农民利益的作用。

二、健全农村利益协调机制

构建社会纠纷预防机制，应当根据我国社会结构和利益格局的变化，建立健全利益协调机制，这种机制与公共政策的实施具有正相关性。当前，我国社会结构和利益格局发生了重大变化，利益主体多元化，利益追求多样化，这客观上要求必须重视利益关系的协调，妥善处理利益纠纷。利益问题是催生农村纠纷最为直接的动因，在纠纷尚未出现之前通过利益协调实现利益均衡才是根本。我国现阶段农村存在的社会纠纷，追根溯源，与利益调节机制不完善有关。和谐社会的本质特征是利益和谐，从利益冲突走向利益和谐，必须完善利益协调机制。只有建立健全利益调节机制，才能有效消解各种利益纠纷，从根本上防止社会纠纷的发生。利益分配协调体制涵盖两大方面，即初次利益分配公平和再次利益分配调节。两者作为统一的共同体，相辅相成。初次利益分配公平是农民利益的重要保证，再次利益分配调节是以社会保障等方式进行的财富再分配，具有重要的调节作用。基于实际情况，健全农村利益协调机制应该从三个方面入手。

1. 健全利益分配机制

宏观层面而言，应完善社会分配制度，公平分配社会资源，共享发展成果。从农村现阶段实际出发，党和政府应通过建立利益分配机制，提高劳动报酬在初次分配中的比重，缓解收入差距过大的问题，这就必然要求保护农产品价格。农产品价格保障法律制度提供的是法律依据，利益分配机制则应建立合理的农产品价格补贴，扩大补贴的范围以及补贴的金额，确保不损伤农民种粮积极性。同时，也应当重视市场与政府的作用，即农产品价格过高时由市场进行调节；当农产品价格过低、损害农民利益时以政府调节为主。收入差距并不一定都会引发社会纠纷，只有分配不公平的差距扩大才可能使社会纠纷激化。我国已经建立按劳分配为主体、多种分配方式并存的分配制度，目前关键是解决收入差距过大问题。建议逐步提高劳动报酬在初次分配中的比重，真正做到劳动收入与劳动贡献相一致。同时建立健全利益统筹机制。通过建立利益统筹机制，调动农民的积极性，并采取切实有效的措施，逐步缩小农民之间的不合理差距。应当看到，统筹兼顾有利于调动农村各方面积极性、维护人民群众的利益，也是落实国家政策的内在要求。

2. 健全利益补偿、平衡机制

征地拆迁、安置补偿引发很多社会纠纷，原因之一就是拆迁人补偿不合理，或者被拆迁人认为补偿不合理。因此建议适当提高利益补偿标准。此外，国家、集体和个人因为不当行为，给他人造成损失的，也应当依法给予合理补偿。当然，利益补偿也不是无条件、无限度的，必须是合法的。而且，利益补偿也不一定都是物质上的补偿，可以是多样化的，它可以是经济利益的补偿，也可以是权利机会的补偿。利益平衡不是平均主义，而是要使收入差距保持在合理的范围之内，防止贫富差距扩大，解决贫富差距问题，实现社会财富共享。要依法保护合法收入，调节过高收入，取缔非法收入，扩大中等收入。促进利益平衡的方法是多方面的，关键是要使行政和法制相结合，其中税收是调控的重要手段，要进一步推进税制改革，加大税收调节力度，完善个人所得税制度。这就要求健全农民工工资体制，根据所在城市物价、平均工资等建立合理的农民工最低工资保障。

此外，该机制的健全还反映在农民的社会保障上，要健全农村社会保障，使其逐步地与城市接轨。由于城乡二元体制的长期存在，我国农村的发展始终低于城市发展，而城乡的社会保障也出现这种趋势。因此，国家应当在宏观层面上，积极完善统筹合一的城乡保障制度，加大对现有农村的财政投入，为农村提供必要的公共物品支持，从而尽可能地降低农村基层治理出现公共物品纠纷的可能性。

3. 健全农村利益表达机制

利益表达指的是公民向政府提出的利益要求，并且这一要求得到满足的行为体现。应当看到，利益表达往往是通过一定的机制实现的。因此，表达机制就是让不同的社会利益群体有表达自己利益诉求的正常途径。在农村无形公共物品（特别是公共政策）引发农村纠纷的情况下，特别是在社会剧烈转型的当下，恰当的利益表达机制尤为重要。然而，客观而言，当前利益表达机制的建设还滞后于社会成员各自的实际利益诉求，这给保持社会稳定带来了障碍。因此，建立有效的利益表达机制，既是我国深入推进各项改革的必然需要，也是实现农村善治、构建和谐农村的关键步骤。尽管当前各利益主体、社会阶层之间的利益冲突大多属于人民内部纠纷，属于非对抗性的。但是，新形势下社会纠纷具有相当的复杂性，波及面广，如果这些纠纷得不到及时处理，就有可能演变为对抗性的纠纷。

在社会处于转型期的当下，社会阶层地位和利益关系主体都在发生深刻的变化，由此带来的利益冲突在所难免。应该说，社会结构性变化带来的纠纷与问题主要集中体现在利益的差别、纠纷上，这就使各利益主体的诉求需要得到充分表达。特别是弱势群体的利益表达问题，已经是一个无法回避的问题。化解农村社会纠纷，应当积极完善农村的利益表达机制和政治参与机制，特别是弱势群体的利益表达机制和政治参与机制。因此，要引导群众以合理合法的方式表达自身利益诉求，理性地处理各种利益关系，维护社会稳定。

要进一步完善人民代表大会制度和政治协商制度，加强人大代表、政协委员与一般民众的联系；适当增加农村代表的名额，让他们代表农村民众表达诉求，以疏通弱势群体的利益表达渠道；充分发挥工会等带有官方性质的群众团体在利益表达、维护包括农民工在内的职工合法权益、参与劳动纠纷调处等方面的功能和作用；加强不具有官方性质的社会组织建设，为一般民众提供更多、更直接的利益表达平台；改革完善听证制度，扩大听证适用范围，完善听证规则和程序，增加听证代表，特别是弱势群体的代表。当然，在用制度安排来容纳和规范利益表达的同时，从利益表达者来说，提高利益表达的理性化程度也是至关重要的。

此外，还应研究如何提高社会的组织化程度，建立更多的经常化、制度化的利益表达渠道。如建立健全信访、社会协商、对话、听证等法律法规制度，形成畅通的社情民意反映渠道，健全人民群众利益表达机制，引导人民群众以理性的、合法的形式表达其利益要求。坚持"倾听"与"疏导"的原则，尽可能地把纠纷化解在基层，把问题解决在萌芽状态。依法及时处理群众的合理诉求，平衡群众心理，理顺群众情绪，消解群众的怨气。如果说物质财富的极大丰富是构建和谐社会的经济基础，则人们的心理平衡、情绪顺畅、道德规范就是构建和谐社会的思想基础。因此，只有重视群众的心理和情绪问题，建立健全人民群众的利益表达机制，才能制定好农村公共政策，并及时处理人民群众中出现的各方面的问题，才能凝聚人心与力量，实现社会和谐。

三、引导农民自觉践行法治

法治不但体现为公正权威的法律制度，还体现在法治信仰及精神的深入人心。法治信仰对农村基层治理有着重要的意义，其若缺失将对农村纠纷的化解形成较大障碍，对化解农村各种实体权益纠纷没有好处，从而不利于农村的和谐建设。在农村基层治理视域下，形成无形公共物品的首要任务就是确保农民形成法治信仰，因为这是农民思想上的"基础工程"建设。培育法治信仰需要从法治认知和法治情感角度出发把握"知"，从官方与民间两层面着手示范"行"，真正实现"知行合一"，形成法治为人们高度信仰的局面，以推进农村基层治理法治化。

1. 重塑法治之"知"

多数农民对法治之"知"的认识是片面的，因为他们的认识基本停留在法律知识层面，而对法治意识及情感却未能形成认识。就此而言，只有通过重塑人们对法治之"知"的认识，育成法治信仰，使农民在面对纠纷时首先想到的是寻求法律援助，为推进农村基层依法治理提供观念支持。经过长时间的普法，法律知识的宣传教育工作成效很大，村民的法律知识已不可同日而语，但这与实现农村基层依法治理还有较大差距。在继续大力宣传与农民切身利益相关的法律法规（如有关土地承包与征用，宅基地、土地入市的法律规定）基础上，要着重树立村民的法治意识（规制公权力、保障私权利），促进农民积极主动监督公权力的行使与保护自己的权益。通过法治宣传、教育，使广大村民既知道法律具有强制性，又善于行使个人的诸多权利，对法治的积极期盼代替以往的怀疑、冷漠甚至反感。综合现实来看，村民对法律法规的学习兴趣、监督权力行使的积极性与是否涉及自身

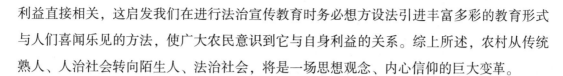

利益直接相关，这启发我们在进行法治宣传教育时务必想方设法引进丰富多彩的教育形式与人们喜闻乐见的方法，使广大农民意识到它与自身利益的关系。综上所述，农村从传统熟人、人治社会转向陌生人、法治社会，将是一场思想观念、内心信仰的巨大变革。

2. 示范法治之"行"

实施是对法律的基本要求，作为更高层次的法治也必然有此要求。法治之"行"在于使官方与民间两层面实现自觉依法办事，特别是农村基层的领导干部带头守法，能对农民产生正面而又积极的示范作用，从而为推进农村法治建设积蓄力量。要发挥基层干部在农村基层治理法治化的进程中带头、示范作用，就应该做到：一是端正对法治及法律的态度，只有深刻认识到法在农村基层治理中的作用并坚决地以宪法、法律作为自己的根本活动准则，才能确保法治落到实处，从而在农村营造崇尚、遵守法律的良好氛围，真正对农民产生积极的带头、示范作用；二是强化农村干部的法治培训、考核和监督，积极增强其践行法治的能力、探索提高法律素养的途径，建立定期法治水平考核机制并适时优化考核内容、方式、标准、奖惩等，注重完善监督体制机制，增强监督成果实效，使遵纪守法成为内心深处不可逾越的底线。

此外，要更加注重引导农民自觉践行法治，因为农民是否真正认可法治直接关系到农村各类纠纷的化解。一般而言，农民并不会主动关注法律规定，只有在通过其他途径、方法无法解决问题时才会被迫向法律寻求帮助，很明显这不符合法治的要求。应当看到，农民之所以不关注法律，核心原因在于农民感受不到自己与法治之间的"利"，即看不到法治为其带来的好处。因此，有必要在基层干部发挥示范作用的基础上，针对农民积极开展各类有奖竞赛、评优评先、法律知识讲座等活动，使农民不知不觉地关注法治。

综上所述，法治信仰对推进农村法治建设发挥着思想上的"基础工程"性作用，它的缺失越发成为实现农村基层依法治理的一大障碍。因而需要培育公民对法治的信仰，以夯实农村基层依法治理的无形公共物品基础。由于法治建设只有进行时而没有绝对的完成时，因此注定了农村法治建设是一个漫长的过程，同时也注定了农村法治信仰的培育工作应常抓不懈。当然，这并不意味着农村基层治理法治化单靠法治信仰即可，因为农村法治建设亦受其他多方面因素的制约。

第二节 激活农村基层治理的公共资源收益

农村公共资源不但在农民日常生产生活中具有不可替代的作用，而且亦是引发农村纠纷的重要因素。目前来看，除环境问题外，产权问题是引发农村公共资源纠纷的核心原因，它容易加剧农民事实上的贫困，进而影响农村的和谐、稳定。对农民而言，农村产权制度的主要对象涵盖了承包地、宅基地、林地及其他集体建设用地等。因此，要积极构筑符合时代发展的"归属清晰、权责明确、保护严格、流转顺畅"的产权机制，让农民在拥有较为完整产权的基础上得到切实利益，是农村公共资源治理的应有之义。总而言之，农村产权与集体所有制联系密切，改革农村产权制度既是化解农村公共资源纠纷的重要途径，也是保持农村利益均衡、增进农民权益的有力举措。

一、落实农村土地依法登记制度

既然基层治理法治化的目的是实现人民群众权益之保障，那么农村基层治理法治化亦应当如此，这与农村不动产统一登记之目的具有一致性。作为国家整体登记制度的重要构成部分——农村不动产统一登记，与农村基层依法治理之间关联度高，将使更多的经济要素更易在市场上自由流通，客观上有利于农村法治经济的壮大，从而加快农村基层治理法治化。农村不动产主要是指包含但不限于农村各类承包的土地。因此，有必要从完善相关制度与规范主体行为两方面着手推动不动产登记，进而推进农村基层依法治理。

1. 施行现有法律制度，适时推出专门的不动产登记法

目前，《中华人民共和国物权法》、《不动产登记暂行条例》及其实施细则、《中华人民共和国土地管理法》及其实施条例、《中华人民共和国土地登记办法》等构成了我国调整农村不动产登记主体的法律规范。鉴于《不动产登记暂行条例》施行不久的现实情况，现阶段的主要任务就是切实做好《不动产登记暂行条例》及其实施细则的施行工作，尤其是要注重农村地区相关工作的落实。当然，由于农村地区具有的特殊性，所以在推行不动产统一登记工作过程中必须适当地考虑农村的特点。换言之，应结合农村的现实情况完善农村不动产登记制度，否则将导致农村相关权利主体的抵制、反感，进而对统一登记工作造成不利影响。在吸收农村不动产登记工作的经验教训、深入开展调查研究、切实做好理论升华的基础上，适时地制定并颁布专门的《不动产登记法》，通过提升法律位阶的方式，为推进我国不动产统一登记提供更为强有力的法律保障。之所以要制定、出台专门的《中华人民共和国不动产登记法》，原因主要有两个方面：其一，不动产登记是涉及国家、公民切身利益的重大问题，属于民事基本制度的范畴，因此应当按照《中华人民共和国立法法》对属于民事基本制度的事项制定相应的法律；其二，《不动产登记暂行条例》仅是行政法规，从效力层次上看，其低于法律，这不利于促进不动产登记法律制度的发展。

2. 整合机构职能，引导农村不动产权利主体依法登记

近年来，我国不动产登记制度经历了由分散登记向统一登记转变的过程，这既是我国不动产登记制度发展变迁的历史，也是党和政府全面深化改革的一个缩影。在深化农村经济改革过程中，建立不动产统一登记制度具有重要的作用，它是兼顾城乡共同发展的措施，有利于保障公民的切身利益，对实现农村基层依法治理的作用不容小觑。事实上，在农村推进不动产统一登记亦要求农村产权交易市场（一种自由开放的市场）之建立，后者是前者的前提（城乡不动产在此无本质区别）。目前，我国各地都在按照《不动产登记暂行条例》的要求，着力推进不动产登记机构的建设，虽取得了重大突破，但有关机构设置、人员配置、制度运行等操作性问题仍然存在。因而，整合以往各登记部门的职能于新设立登记机构、着重解决制约登记机构发挥职能的问题，仍是横亘在眼前的重任。

建立定期+不定期交流学习制度，对提高登记机构履职能力、引导农村不动产权利主体依法登记具有重要意义。现在各地在落实统一登记工作进程中的表现、成绩并不一样，有的地方成效明显并形成了广受认同的特有模式（如"赣州模式"）。这些特有模式对其他地方具有很强的借鉴价值。着力加强登记机构之间的交流学习，无疑是未来落实农村土地依法登记的必选项。此外，应当注重规范登记机构的工作人员及农村不动产权利主体的"行"。登记机构的工作人员应当深刻认识到推进统一登记工作的重要作用，也应当在农村采取各种方式（如派发宣传小册子、设立流动巡讲点等）加大统一登记的宣传力度，根据农村实情，适时运用不同的工作方式，使农村权利主体做到认同并自觉进行登记。相关农村不动产权利主体则应当端正心态，积极正视这一关涉自身切身利益的登记工作；采取多渠道自觉学习不动产统一登记的相关法律知识；在发生不动产交易纠纷时，能自发拿起法律武器捍卫自己的权益，做到依法依规地处理农村纠纷。

总而言之，通过运用法律的方式就相关权属开展确认与登记工作，有利于统一的城乡产权交易市场的发展。农村地区是国家统一登记工作的难点所在，强化农村登记工作的落实效果，不仅是促进登记法律制度发展的需要，而且客观上有利于推动市场经济在农村地区的进一步壮大，既能保障土地资源收入又能防止土地流转中产生新的纠纷，进而为实现农村基层依法治理营造有利氛围。

二、强化改革农村集体产权制度

改革农村集体产权制度是深化农村改革的重要环节，它对发展农村集体经济、提高农民财产性收入、保持农村利益均衡具有重大意义，能从源头上降低相关纠纷发生的可能性。

1. 明确农村集体经济组织的成员资格

由于集体产权改革与其成员利益密切相关，因此，在推进这一改革过程中必须对主体是否属于该组织成员做出明确的回答。对此，需要综合历史与权利义务、标准与程序等因素，全面把握户籍关系与土地承包情况、贡献程度和法律规定等因素，通过该组织的所有成员民主确定。同时，要关注以外嫁女为代表的特殊群体的成员身份界定问题，对她们的权益应切实予以保障，以防利益分配不公现象发生。

2. 强化农村集体资产股权的管理制度

农村集体产权改革的一大效果就是资产变股权，农民将拥有相应的持股比例。这就意味着在改革过程中，必须强化股权管理。现实生活中，已有多地（如东莞）出台了本地的指导意见。从有利于减少纠纷发生的角度看，制定、出台统一与规范化的管理办法无疑是当务之急。如此一来，通过股权管理推进集体经济发展，这必然会提升农村公共资源的利用效率，增加农民收入，增进农村公共利益，为减少农村纠纷提供保障。

3. 利用集体建设用地来建设租赁住房

村镇集体经济组织可以自行开发运营，也可以通过联营、入股等方式建设运营集体租赁住房，这种方式可兼顾政府、农民集体、企业和个人利益，厘清权利义务关系，平衡项目收益与征地成本关系。国土资源、住房城乡建设部门应完善合同履约监管机制，土地所有权人和建设用地使用权人、出租人和承租人依法履行合同和登记文件中所载明的权利和义务。利用集体建设用地建设租赁住房是中国土地制度的重大变革，意味着以后"土地改革有巨大的空间"，意味着政府向社会大规模转移土地红利，也意味着一大批低成本土地入市，由此产生一大批低成本房屋，对抑制高房价、高租金将产生作用。

三、合理完善农村土地征收制度

如果落实农村土地登记具有明确权属的法律效果，那么完善土地征收制度则解决的是直接涉及农民利益且容易产生农村纠纷的现实问题。由此可见，土地征收制度改革是近期中央在大力推进农村土地改革试点的主要内容，它经过实践证明是可行的，有望成为帮助农民分享更多财产红利、提高农村财产收益的制度支撑。然而，在现实的征收过程中，农民很多时候并没有分享到应有的利益，加上相关征收补偿标准不高、失地农民保障不足，使农村土地征收纠纷频发。针对土地征收带来的种种问题，应通过完善农村土地征收法律制度的方式，达到从制度上防范化解此类纠纷的目的。其中，严格界定征收范围与补偿标准是核心举措。

第一，严格界定征收范围。关于征收范围，应当在现有的法律体系中明确"公益性"征地和"营利性"征地两类性质不一的具体范围和征收途径，即把征地目的严格限定成为增进公共利益，并且以列举的方式加以说明，以防因法条的模糊性带来新的问题。

第二，严格界定征收补偿标准。关于补偿标准，应当采取市场经济规律和价值标准相结合的方式定价，并将其写入具体的土地征收操作规范正式文件中。因为，征收土地的补偿以市场价格为标准，是市场条件下等价交换规则的基本要求。当然，该补偿改革并非单纯提高补偿标准，尤为关键的是应该健全相关的补偿机制，使补偿机制有可持续性的运行和保障体系支撑，这对失地农民来说显得更为重要。

第三，慎重对待宅基地的征收。宅基地使用权是法律明文规定的一项用益物权，具有私人财产权的性质，它也属于农村土地征收的潜在对象，且它的征收较之其他征收特殊性更强。例如，除了同样需要限定征收范围以及合理确定补偿标准外，该征收还需对地上附着物（主要是房屋拆迁）进行补偿。对此，首先，在房屋拆迁过程中，被拆迁农民房屋的安置补偿范围需涵盖房屋的自身价值、安置补助、其他经济损失等。其次，由于程序公正方能保证实体公正，因而补偿程序的正当性也是需要关注的内容。这就应该赋予当事人，尤其是农民相关参与权、救济权等，因此从保障被征收人的参与权利出发，在整个过程的核心环节（如立项、规划等），应积极建立健全听证制度。最后，应逐渐改变农民宅基地流转严格受限的传统做法。

四、积极推进农村环境治理制度

农村环境资源保护不到位的现状，决定了加强农村环境保护法治建设的必要性。在农村环境保护的法治建设上，既要抓国家层面的法律制度建设，做好全国农村环境保护的顶层设计，建立健全农村环境保护的相关法律制度，也要多措并举，提升农村环境保护的主体（村民）的环保意识，从而促进农村基层治理法治化，建设美丽乡村。

1. 完善农村环境保护法律制度

在建设法治农村、美丽乡村过程中，完善的农村环境保护法律制度是推进农村环境保护法治建设的基本要求之一。就目前而言，主要从施行并健全我国现有环境保护法律制度和建立健全农村环保法律体系两方面着手。因此，应积极发挥环保基本法对治理农村环境污染问题的重要作用，同时应完善环保基本法关于农村基层治理农村环境污染问题的规定，逐渐扭转轻视农村环保立法的传统。总而言之，施行并健全我国现有环境保护法律制度，有利于从顶层设计着手依法治理农村环境污染问题，构筑一个较为完善的、独立的农村环保法律体系。

农村环保专项立法空白是当前我国环保法律制度的一大现状，为此，将农村环保法从整个环保法中独立出来，进而建立健全农村环保法律体系是解决农村日益复杂的环境污染问题的应然之举。具体而言，在国家层面出台一部专门调整农村环境保护事务的《农村环保法》，以解决前述农村环保法律缺失的问题。作为调整农村环保基本法，《农村环保法》必须明确政府在环境保护中应发挥的职能以及农民在环境保护中的义务；同时，将国家环保基本法中不能解决实际问题的条款进行修订，制定合理的环境标准，完善农村环境标准体系，如增加制定关于农业植物品种保护的法律，关于对土壤污染、化肥农药的污染以及禽畜污染的防治保护标准。此外，各地方立法主体应依据自身职权制定更具针对性、操作性的地方法规、政府规章等，为本地区农村环保问题"开药方"。以各省市、设区的市的人大及其常委会、人民政府为代表的地方立法主体，应在深入调研本地区农村环保实情的基础上，依据法律授权就环境保护问题制定符合本地区实际的地方法规、政府规章，为推进农村环保提供强有力的法律支撑。这样既保证了农村在环境保护法律制度设计上与位阶最高的法律在原则上形成高度的统一，又合理区分了各农村区域发展不平衡、环境污染程度和方式不一所导致的治理模式与治理结构上理应有的不一致。需要注意的是，在制定地方法规、政府规章的过程中，要贯彻"宜细不宜粗"的立法理念，做到能直接依据法规解决农村环保中的各类问题，以更好地服务于农村环境保护法治实践。

2. 提高村民环境保护法律意识

"法律意识是人们对法（特别是现行法）和有关法律现象的观点和态度的总称，它表现为探索法律现象的各种学说，对现行法律的评价和解释，人们的法律动机（法律要求），对自己权利和义务的认识（法律感），对法、法律制度的了解、掌握、运用的程度（法律知识）以及对行为是否合法的评价等"[①]。农村环保法治实践，既需要较为完善的环保法律制度做支撑，又离不开村民的积极参与。

广大村民的不良行为诱发了农村环境问题，村民反过来又成为最终的受害者。由于村民的行为深受习惯和传统的影响，因而与城市环境治理相比，农村环境的难以监管特性更为明显，这就意味着农村环境保护离不开村民相当程度的认同与自愿。就此而言，提高村民的环境保护法律意识是今后依法治理农村环境问题的重要措施。

一方面，应加强村民普法教育及环保宣传。在保护农村环境中，村民是最广泛的主体，因此，倘若村民接受过到位的普法教育及环保宣传，广大群众认识到保护生态环境的重要性及其相关权利义务，那么就有利于激发村民自觉保护农村生态环境的积极性。基层

---

①李长健，王君健，陈志科. 城镇化背景下农村环境保护法律问题探究 [J]. 时代法学，2009，7（1）：57.

政府及其职能部门要树立农村生态环境保护与经济发展同等重要的可持续发展理念。在解决环境污染问题时，应重视村民表达的意见，与村民进行多种形式的沟通交流，寻求农村经济发展与环境保护的最佳结合点。在对村民进行普法教育及环保宣传的过程中，应采取有效、恰当的方式方法，例如，通过电视、广播、报纸等传统媒介，推进环保与环境法律知识的宣传。以农村发生的环境污染具体事件为例，可通过运用图片、实地指导等宣传方式，达到更好地指导农民做好污染防范的效果。

另一方面，应引入村民参与农村环境保护的利益机制。毫无疑问，利益机制的引入有助于调动村民投入环保的积极性，对利益的追求构成了村民参与环保的根本动力。鉴于各地农村环保存在的差异及地方立法主体拥有的环境保护立法权限，建议由各地的立法主体（如各省市、设区的市的人大及其常委会、人民政府）制定出适合本地区实际的环境保护利益分配与再分配规定，以地方法规、规章的形式实现该利益的统一调整。

综合而言，加强村民普法教育及环保宣传，引入村民参与农村环境保护的利益机制，分别从村民内在的心理认识与外部的利益刺激两方面，致力提高村民的环境保护法律意识，进而实现依法治理农村环境问题，推进农村基层治理法治化，建设美丽乡村。

第三节　确保农村基层治理的公共服务供给

针对农村公共服务纠纷的内容、特点，强化农村整体意义上的法治建设、完善法律服务体系，是实现善治的应然路径。农村基层法治建设是否到位，关系到化解农村纠纷效果的好坏。在纠纷爆发时，假如纠纷当事人都能具备较高的法律素养，同时存在相应的组织及法律支持力量，能发挥村规民约在化解纠纷中独特的作用，那么就可以在很大程度上实现及时、有效地处理纠纷。总体而言，在法治的框架下加强基层组织建设、充实法律支持力量及重构乡规民约，有利于促进基层纠纷化解运行机制更加规范，有利于直面纠纷并依法、理性化解农村纠纷，进而使农民权益得以满足，保持农村社会和谐稳定。

一、强化农村自治组织的制度建设

农村基层自治的制度建设，可以主要从完善村民自治制度、重构乡规民约与推广村务契约化治理模式等方面开展工作。

（一）完善村民自治制度

村民自治法律制度的完善，离不开相关立法。客观地讲，当前的村民自治法规中仍然有着治理不彻底的问题，村民自治权的相关内容不清晰、"两委"不协调及"乡村"关系不协调等问题。这既与农村基层依法治理不相谐和，也不利于农村基层依法治理的深入推进。例如，村民自治权的性质、主体定位等不明确问题，容易使该项权利缺乏宪法性依据，易导致农民权益受损而无法救济。因此，从解决具体问题着手，应完善村民自治法律制度。具体而言，就是要完善相关法律规定，出台专门的村民自治法规，理顺村"两委"之间、"乡村"之间的关系。

1. 出台村民自治法

专门的村民自治法是保障村民彻底自治的法律基础。为此，有必要出台专门的村民自治法，以解决村民自治不彻底的问题，从而满足村民自治实践的需要，促进农村经济社会发展。

2. 和谐村"两委"关系

村"两委"关系是否和谐，直接影响农村依法自治的效率。

（1）明确村"两委"各自的职权范围，坚持村党组织领导下的村委会自治。一方面，村党组织的领导地位是由《村委会组织法》确认并保障的，村委会应自觉接受村党组织的领导，以保证村民自治的正确方向。另一方面，村委会的自治职能也应得到保障，村党组织不能包揽具体村务，也不能限制村委会作用的发挥，干预村民自治权。村党组织对国家的路线、方针、政策发挥着宣传导向作用，其在村民自治过程中的领导主要是政治、组织及思想方面的领导，不应干涉村委会管理村具体事务，而应致力于彻底实现村民自治，将工作重心置于指导村委会的建设与协调各自治组织之间的关系上。村委会则应服从党的领导，加强与村党组织的沟通、交流，实现互相配合，通力协作；在管理村具体经济事务和其他公共事务时，注重召集村民会议，提高村务工作的参与度、透明度。

（2）加强村"两委"能力建设。由于村务公开离不开村"两委"的积极推动，因此要加强"两委"班子建设，增强其自觉依靠法治的意识。村"两委"上连政府下接群众，是开展农村基层治理的领导核心，要通过有效的选举，把一批法律意识高、工作能力强、农民信得过的人选纳入党支部和村委会集体。

一方面，应完善农村基层治理的规章制度，加强农村基层治理骨干的法律思维与方式的培训教育，增强法律意识，把农村社会稳定工作与当前农村各类纠纷联系起来，增强依法解决农村纠纷的能力；应完善行政问责制，如引咎辞职、罢免等，保障对基层干部的监督切实有效。

另一方面，应提高"两委"干部素质。对村党组织而言，应提高自身的领导水平、改善领导方式，强化执政能力建设，加强对村委会的监督。村党支部书记应带头提升自身综合素质，不干预村具体的事务性工作，如此才能发挥领导核心作用，同时也将提升自身在群众中的形象。对村委会而言，应切实管理好具体村务，村委会主任及其他成员要不断提高自身的素质，提高依法办事的意识和民主自治的能力，牢固树立坚持在党的领导下工作的思想，提高在党的领导下开展村民自治的政治觉悟。乡镇党委要组织村委会主任、党支部书记集中培训，使他们对村民自治以及"两委"关系形成正确认识，教会村干部在实践中正确认识、把握和处理"两委"关系，从而有效地避免实际工作中的不协调。总而言之，由于我国农村"两委"干部素质总体不高是个不争的事实，因而既要注重加强业务素质和政治素质培训，也应把好"两委"干部的选任关，为村民自治选出合格干部。这样，可以在较大程度上缓解"两委"的矛盾，使"两委"关系走上良性发展的道路。

3. 和谐"乡村"关系

乡镇政府和村委会之间是指导、协助的关系。应当注意，乡镇政府对村委会的指导与村委会协助乡镇政府的工作是密切相关的，两者之间是互动的，而不是单向度的：作为乡镇政府必须依法做好指导工作，村委会在村民自治过程中必须依法积极协助乡镇政府开展工作，共同促进农村社会的全面进步。

（1）明确"乡村"各自的职权范围。按照《村委会组织法》的规定，乡镇政府与村委会的关系并不是上下级的行政隶属关系，基层政府不得干预村委会对村务的自我管理。由于该规定过于广泛，导致现实中二者关系不尽和谐，因此必须从制度层面将二者的职权范围界定清楚。其实，可以采取国家与地方共同立法的方式，以达到明晰乡镇政府与村委会职权范围的目的。一方面，通过完善国家层面的法律制度（如《村委会组织法》），尽可能从整体上对"乡村"各自的职权范围做出更为细致的规定，方便各地适用相关法律；另一方面，各设区的市权力机关、行政机关依据法律条款，在不与上位法冲突的前提下，对乡镇政府与村委会的职权范围做出明确具体、可操作性强的规定。如此一来，既有助于解决"乡村"职权无法可依的问题，也有利于构建起体系更加完备、针对性更强的法律制度。特别需要注意的是，在立法时要增加相应的问责条款，敦促二者履行各自职责，以防止前文所述村委会"乡政"与"过度自治化"的两种不良村治倾向，保证村民自治的有效性。

（2）转变政府职能。"小政府、大社会"的治理模式要求政府在社会治理过程中充分发挥社会的作用。具体到村民自治中，政府就应由过去的过多干预向尊重、指导村委会转变。一方面，为了有效地进行自我管理，村委会在自治过程中必然会遇到一些需要乡（镇）政府加以指导的事务，但是这种指导并不是将村委会看作下属机构而下达的行政命令，而是在尊重村委会自治权的基础上，对村委会独立开展群众自治工作进行指导。另一方面，村委会应加强自身建设，积极履行协助乡镇政府工作的义务。村委会在依法行使自治权的过程中，要积极协助乡镇政府开展工作，向村民传达并保障落实相关方针政策，这就对村委会自身能力提出了要求，广大村民及村委会干部应学会如何行使公民权利，为乡镇政府开展工作提供支持。

综上所述，在推进农村法治建设的进程中，需要理顺"乡村"关系，假若"乡村"关系持续不和谐甚至矛盾尖锐，就不可能真正实现村民自治，进而导致包括农村法治建设在内的各项变革都将难以有效推进。当然，需要认识到的是，完善村民自治法律制度是契合农村法治建设要求的渐进的过程，需要付出巨大的努力，而不可能一蹴而就。

（二）构建村务契约化治理模式

村务契约化治理模式是遵循特定的程序，借助合同、协议、纪要等方式，以厘清村组织、村干部、农民之间的关系和村级事务的全部内容为条款形式的长效治理制度，目的是使村级事务管理公开透明、权义明确、执行有据、运作规范。该模式将村级公共事务与各主体的权利义务等确定下来，其内含的契合法治的契约精神得以运用于治理方式创新之中，为农村基层依法治理提供了互相制约、平等互利的平台。但是，该模式也存在着各类问题，为此需要予以完善。

1. 合理规范契约文本

实践中，限于各方面的条件，当事方所签的契约文本存在内容和程序混乱，甚至违反大政方针等不规范的问题。为此，应规范契约文本，做到在内容上与国家法律制度及政策相一致。例如，就农村公共土地资源而言，可邀请相关专业人员参与到拟定契约的过程中来，使契约文本的各项条款符合相关规定，以防日后出现纠纷或日后便于解决纠纷。

2. 完善村务公开制度

农村基层治理的对象是公共事务，村务契约化针对的也是公共事务。可以肯定，村务公开是一种强化监督的方式，有助于村务的契约化治理。为此，村"两委"要进一步完善公开的内容、程序、机制，实行村务党务财务上墙公开、群众例会公开，使村务公开成为常态。尤其是在提供公共服务、利用公共资源和新农村建设中，多种优惠措施与支农拨款、来自各界的扶持资金与相关项目等事项，应实时置于村务公开的范围之中，以达到农村公共事务的治理。

3. 提升农民参与能力

村务契约化治理模式不是农村精英的"独奏"，而是农民的"合唱"，要让更多的农民知晓并切实参与进来。应当注意的是，限于自身参与能力的不足，导致很多农民并不热衷参与该模式。因此，村务契约化治理模式的推广，必须提高农民的参与能力。例如，在对该模式积极宣传的基础上，应有针对性地进行各种增强农民参与能力和技能的教育，制定相关培训制度。这样不仅能加深农民对该模式的理解，而且有助于提高农民参与村务契约化治理的素质和能力，便于对各类公共事务的有效治理。

(三) 建立村务监督委员会制度

根据权力分立与制衡的基本原理，村民自治组织机构中权力、执行和监督机构应该分化，可考虑设置：权力机构——村民大会（村民代表大会）；执行机构——村民委员会；监督机构——村务监督委员会。建立村务监督委员会，是健全基层民主管理机制的探索性实践，对从源头上遏制村民群众身边的不正之风，促进农村和谐稳定具有重要作用。今后要不断总结经验，完善制度设计，进一步规范监督主体、内容、权限和程序，完善村党组织领导的村民自治机制，切实保障村民群众合法权益和村集体利益，提升乡村治理水平。

二、提升农村民间组织的服务能力

根据现行法律的规定，村委会是唯一的组织载体，由于该规定的国家强制性明显，因而不具有自治的根本功能——自我选择。换言之，村民很有可能无法按照自身的利益诉求选择契合自己的自治模式。为提高自治的效率与灵活度，应在坚持将村委会作为村民自治基本载体的基础上，允许农民认可的民间组织以非基本载体的形式出现。因此，在宪法层面，应明确村委会作为基本的主要的基层群众性自治组织，实现村民自治多元化；《中华人民共和国村民自治法》则进一步就此类组织的设立、权利、义务及责任等做出规定，实现有法可依。

随着经济社会的快速发展，农村地区逐渐出现了越来越多的民间组织，如各种公益性的理事会、社团等。应该说，农村民间组织不仅有利于推进农民合作、促进农民增收致富，而且也对农村基层治理产生深刻影响。但是，当前民间组织面临着相关法律法规不完善、政府管理和控制过严及自身发展能力不足等困境。因此，为彰显农民个体价值与维护农村社会稳定，有必要发展、依靠基层治理法治化的第三种力量——民间组织，通过运用法治的思维和方式化解纠纷，推动农村民间组织服务能力得到进一步提高。

推动民间组织参与农村基层治理，完善法律法规是基础，发挥服务功能是重点，加强引导扶持是关键。法治建设是保证农村民间组织发展的重要前提。针对当前法律对民间组织登记注册规定不合理、受全国统一管理制度制约等问题，因而应当着力完善以下方面的法律制度：一是制定专门针对农村民间组织的相对独立的法律规范，建立起有别于城市的农村民间组织法律规范体系。二是要健全管理体制，降低准入门槛（例如，参考银行业，设立民间组织监管委员会，简称"民监会"），以激发农村民间组织的活力。三是着重发挥民间组织的服务功能。农村民间组织应充分利用其服务成本低、效率高的优点，通过个性化供给的方式，提高其服务农村与农民生产、生活的能力，增强参与农村基层治理的水平。四是基层政府应加大引导与扶持力度。现实中民间组织遇到的种种问题（例如，资金与实践操作能力不足等问题），政府理应采取转变服务理念、财政经费适当倾斜、加强指导工作等措施，通过政府购买服务的方式来促进农村民间组织的发展和完善。

此外，应着力建设沟通平台，助推民间组织规范发展，发挥民间组织在纠纷调处中的重要作用。同时积极调动农村精英参与农村基层治理的积极性，以促进纠纷的消解。例如，农民通过推选代表（以知识分子为代表的农村精英担任理事长，其他成员皆为村里德高望重之人）以及制定运行章程的方式，成立全新组织——理事会，以达到加强监督村干部，甚至确保公共物品、资源与服务供应的积极效果。作为基层民间组织的一种，具有阳光、透明运行机制特质的理事会可在治理农村公共事务、协调各方纠纷主体关系等方面发挥独一无二的作用。再如，为防范农村公共服务纠纷的发生，可以在各行政村设立党政公共服务站，以更好地满足农村的实际需要。总而言之，采取加大政策扶持力度，强化政府引导发展服务，壮大农村民间组织，吸引农民积极参与村务治理，为农村的发展增添新的动力和活力，促进农村民间组织与村级组织和基层政府的有效交流，以更好地实现农村治理。

三、完善农村法律服务的体系构建

农村公共法律服务是农村公共服务的重要构成单元，它与农村法治化进程甚至推进依法治国密切关联。目前，我国农村的公共法律服务体系仍有诸多不足，如农村司法服务机制不健全、提供服务的相关人员量少质弱、审判与行政机关的支持力度有所欠缺等。农村司法和法律服务的这种现状明显滞后于农村纠纷突发的趋势，在一定程度上说，也使得农村基层的社会纠纷更加复杂化，对采用非理性的方法来解决社会纠纷起到了一定的助推作用。因此，完善农村司法机构和法律服务体系就成为有效化解农村基层社会纠纷的重要路径选择。

（一）完善农村法律机构的设置

农村法律服务是否到位，在很大程度上取决于相关法律机制是否健全，如人民法庭、公安派出所、司法所等。因此，在基层相关党政机关的协调下，尝试将农村司法机构与村自治组织联系起来，通过发挥基层司法机构在处理纠纷时的优势，实现基层司法的行政职能向村自治组织下移。目前，多地将此定位为本地的工作要点，积极开展这一工作并取得了良好效果。例如，通过在村委会设立法律服务站的方式，使司法的行政职能直接延伸到最基层，这样既便于将法律服务送到人们面前，就近、便捷地满足群众即时的法律服务需要，又有利于实现"纠纷不出村"，促进平安农村建设。此外，还可以通过放宽条件的方式，在农村地区组建个人律师事务所，同时，引导城市里的律师事务所以多种形式为农村提供优质法律服务。这样一来，有利于构建起集法治宣传、调解及法律维权等于一体的农村综合法律服务体系。

（二）建设农村公共法律服务队伍

有效的农村公共法律服务，除了必须具有法律服务机构，还离不开高素质的法律队伍。随着时间的推移，我国农村法律服务暴露出了人员和素质有待提高等问题。因此，应由政府主导，利用市场与社会资源，吸纳专家、志愿者甚至高校法学专业学生组成综合法律专业队伍，实现农村公共法律服务供给主体多元化，从而构建起由多种主体组成的层次分明的公共法律服务队伍。例如，维持一支稳定的法律服务队伍，着力促成律师、法律工作者等法律服务人员主动加入农村公共法律服务中，对积极参与农村公共法律服务体系建设的机构和个人给予表彰，充分调动其积极性。此外，积极成立会员制的法律服务志愿者协会，会员通过参与公开竞争的方式进入，它涵盖大学生村官及其他热心公益服务事业、有法律服务能力的志愿者，使服务主体多元化。还可以加强农村执法队伍建设，探索设立专门的纠纷调解员和治安队，同时大力开展村民互保和治安巡逻防范，对潜在的违法犯罪主体形成较强的威慑，维护农民的人身财产权益，从而尽量避免发生各类权益纠纷。

（三）整合资源完善农村法律援助制度

农村法律援助制度是一种致力维护社会公正与和谐的救济制度，能最大限度地保护农村弱势群体的利益，对促进农村纠纷的化解具有重要的意义。该制度的完善，应贯彻向农村与农民倾斜的方针，基层政府应强化相关财政支持，实现专款专用，并简化程序，以提高办案效率；推动基层司法所发展，使其成为开展相应法律援助工作的重要帮手；在基层政府牵头协调下，组建由基层公安、司法、律师等兼职组成的义务支援团，推动法律援助常态化，引导农民自觉运用法律维权的意识。

第四节　升级农村基层治理的多元调解机制

　　"法治的核心是程序之治，程序法治为保障实体权利提供了助力"。[①] 农村纠纷调解化解机制是一种多元化的解纷机制，其核心是注重协调化、立体化建设。基于农村社会纠纷不断显现且体现出日趋尖锐化、复杂化特点，而面对既有的农村社会纠纷消解机制无论是在理念上还是在实践上都存在诸多困境的现实，必须致力完善农村纠纷多元化解机制，而不应重复过去那种"先纠纷、后化解""先冲突、后治理"的后发维稳机制。综合而言，程序法治可以通过保障公民实体权益、维持利益均衡，消解各种纠纷，进而建设和谐、法治农村。倘若没有一套稳定的、具有普遍约束力的、不以领导人意志为转移的机制，那么农村社会纠纷将难以得到较为彻底的协调、处理，甚至引发新的纠纷出现。

　　当前，保持农村和谐的内在生命力就体现为构建起良好的平衡农村利益与消解农村社会纠纷的机制。应该说，建立并完善这一机制对维护农民权益，加强和改进农村基层治理，促进社会和谐稳定具有重大意义。因此，针对如今农村纠纷激增的实际，应努力寻求消除各种纠纷的途径与措施，完善多元调处制度，积极推动各方党政机关与组织发挥重要作用，综合运用多种手段和方法，将农村纠纷化解置于有序的机制中。从理念及实践的角度看，这一机制应该体现为以保障、增进农民权益为核心，以发挥农村党政机关引领作用、完善农村多元便民调解机制与农村土地纠纷仲裁制度、建立农村便民诉讼联系机制及建构农村纠纷行政化解机制等为内容，以独立的司法制度为最终救济手段，以"以人为本"为终极价值追求的法治理念与制度。

一、发挥农村党政机关的作用

　　推进农村基层法治建设是完善党的基本执政方式的体现，是"法治中国"建设的重要内容。全面推进依法治国，必须推动顶层设计和基层探索良性互动、有机结合，这既表明顶层设计在推进依法治国中的重要性，也宣示了基层的"先行先试"对"法治中国"建设的重要作用。

（一）坚持党的领导

　　党的领导是我国法治建设最根本的保证，是全面推进依法治国必须坚持的一项基本原

[①]郭志远. 我国纠纷解决机制法治化研究 [J]. 安徽大学学报（哲学社会科学版），2015，39（4）：3.

则。事实上，党的领导和社会主义法治是一致的，社会主义法治必须建立在坚持党的领导基础上，而党的领导又必须依靠社会主义法治，因而要把党的领导贯彻到依法治国的全过程和各方面。作为"法治中国"的重要组成部分——法治农村，亦应当毫不动摇地贯彻党的领导，自觉接受党的领导。中国革命和建设的实践反复证明，党的领导是各项事业繁荣发展的根本保证。以往的历史实践也为推进农村基层治理法治化离不开党的领导提供了佐证。综合而言，历史、实践、目标、宪法等维度共同决定了我国法治建设必须坚持党的领导。

党的基层组织是团结带领群众贯彻党的理论和路线方针政策、落实党的任务的战斗堡垒，要健全党的基层组织体系，加强基层党组织带头人队伍建设。在农村基层治理法治化场域中，完善党的领导直接体现为加强农村法治型党组织建设、提高党员干部的法治素养，表现为组织建设与队伍建设。农村基层党组织不仅是推进农村基层依法治理的领导者、实践者和示范者，是贯彻落实党关于法治的路线方针政策的重要手段，更是党转变执政思维和执政方式，实现依法执政和提高执政水平的基层承担者。只有将农村基层党组织打造成法治型党组织，才能切实提高农村基层依法治理的水平。同时，农村基层党员干部的法治素养直接关系着基层党组织领导、示范农村依法治理的质量、效率、水平，是全面推进依法治国的决定性因素。

1. 构建农村基层法治型党组织

既然要在农村实现依法治理，那么作为推进农村基层依法治理的领导者、示范者的农村基层党组织，自然而然地也应严于律己——向法治型党组织靠拢。应当看到，加强法治型基层党组织建设与推进基层治理法治化具有紧密联系、不可分割的辩证关系，这一辩证关系表现为：大力推进农村基层法治型党组织的建设是推进基层治理法治化的重要前提和根本保障，而推进基层治理法治化的过程，就是加强法治型党组织建设的过程。所谓法治型党组织，就是党组织以法治为导向，严格遵循依法执政、自觉维护宪法法律权威和捍卫宪法法律尊严、在宪法和法律以及党章和党纪范围内活动，具有强烈的法治意识和法治思维，具有完备规范的党内法规体系，严格依法全面从严治党和管理党员干部，以及依法保障党员和公民的各项合法权益，在法治政府、法治市场和法治社会一体化建设中不断提高依法办事能力的党组织。可以预见的是，倘若农村每一个基层党组织皆成为法治型党组织，那么在基层党组织的领导下，"纸面上的法"在基层就会更加方便地走向"行动中的法"，从而为农村基层治理法治化提供根本保障。农村基层法治型党组织的建成，需要从农村的客观实际出发采取以下措施。

（1）强化法治思维。这是打造法治型党组织的前提与基础。思想是行动的先导，农村基层党组织只有树立起法治思维，才能在农村法治建设中更高效地发挥领导、示范作用。农村包含乡镇与村两级基层党组织，是强化法治思维的对象。乡镇与村党组织在推进农村基层依法治理中应做到带头守法，自觉地运用法律约束与审视自身的行为，自觉地提高运用法律规则解决问题的能力，自觉地增强约束权力保障村民权利的意识，以依法、公开、透明的姿态致力捍卫群众根本利益。应该说，在农村基层依法治理中起统领作用的乡镇党委更需符合前述要求，因为乡镇党委是农村基层依法治理的总领者，对其他主体具有强大的示范效应。

（2）优化工作机制。这是建设农村基层法治型党组织的应然要求。在此之前，我国推进法治建设的重心更多地集中在城市及上级机关，这就导致了农村地区推进法治建设的各类资源匮乏，在很大程度上影响了法治农村建设的进度，也影响了法治型党组织的建设。因此，需要建立重心下移、力量下沉的法治工作机制，以适配法治型党组织建设。例如，在矛盾、纠纷多发区域设置法律服务中心，开辟一条及时反馈村民民意，化解矛盾纠纷的法治新路径。可以肯定的是，这种工作机制的建立健全，将为法治型党组织建设提供不竭的动力支持。总体而言，农村基层法治型党组织的建设，既要注重法治思维的培育，又离不开法治工作机制的优化。

2. 不断提高党员干部法治素养

如果说建设农村基层法治型党组织体现的是完善党领导农村基层依法治理的组织体系的话，那么提高党员干部的法治素养则是加强农村基层党组织人才队伍建设的表征了。完善党对依法治村的领导，既需要抓组织体系建设，也离不开党员干部自身法治素养的提高。只有组织体系建设到位，才能为完善党对依法治村的领导奠定组织、制度保障。党对依法治村的领导最终仍要具体化到每一位党员干部身上，这意味着党员干部是否具有较高的法治素养直接关系着党领导依法治村的成败。因此，在推进农村基层治理法治化进程中，作为带头人、实践者的农村基层党员干部务必提升法治素养。具体而言，为更好地发挥党员干部在推进农村基层依法治理中的示范带动作用，可主要从以下方面着手提高党员干部的法治素养。

（1）领导干部带头践行法治。领导干部是推进依法治村的"关键少数"，倘若其真正践行法治、树立正确的权力观，就能对党组织乃至整个乡镇党政系统形成强大的示范效应，有助于促使依法治村落到实处。例如，每年通过组织乡镇级村党组织领导干部参加县级或市级领导干部法纪知识考试，并将成绩纳入专门档案与年度考核，以此作为评优、职位晋升的重要依据，使领导干部把法治素养真正内化于心、外化于行。

（2）举办各类干部培训班（如党组织书记依法治乡专题培训与其他培训）、进行定期法律知识考试与实践操作技能测试。在通过考核的党员干部中遴选出部分同志，组成相应的"送法下乡团"，为村民提供优质法律服务，增强党员干部法律理论联系实际的能力。如此党员干部的法治素养在不知不觉中得以提高，党领导依法治村的队伍建设得以加强。

（3）积极开拓优秀法治型人才发展成党员的通道。从外部视角看，完善党对农村基层依法治理的领导离不开积极吸收优秀人才入党，尤其是吸收法治型人才加入党组织，以夯实党组织队伍建设。毫无疑问，伴随着优秀法治型人才的加入，党员干部之间必会形成帮带关系，法治素养在不知不觉间将得以提升。总而言之，只有具备法治素养，党员干部在农村基层治理实践中才能做到合乎法治要求，才能无愧于带头人的称号。

（二）建设乡镇法治政府

在现代社会，随着政府职能的不断扩张，由此法治更加注重对行政权力的控制，目的在于将行政权力控制在宪法和法律的范围内，以防止行政权力的滥用。法治的意思就是指政府在一切行动中都受到事前规定并宣布的规则的约束。总而言之，政府是社会治理众多主体中极其重要的一员，加强法治政府建设是当前"法治中国"建设的重中之重。乡镇政府作为直接面对群众、与群众接触最多的行政机构，是厉行法治的重要场域，它是否讲法治及其法治化水平直接关系到群众的切身利益。在推进农村基层治理法治化中加强乡镇法治政府建设，就要求乡镇政府在法治的框架内发挥社会治理的职能，按照法治政府的要求推进各项工作，坚持依法行政、依法治理。

加强乡镇法治政府建设的途径主要是依法全面履行政府职能、健全依法决策机制、规范乡镇执法行为、健全政府责任体系、全面推进政务公开。具体而言，主要是要做到依法全面履行政府职能。应该说，这是法治政府的第一要义，因为连基本职责都无法履行到位的政府却号称"法治政府"是难以想象的。"法定职责必须为、法无授权不可为"是对法治政府下依法全面履行政府职能要求的概括。这既表明政府不得逃避履行法定职责，也禁止政府擅自法外设权，体现了对法治政府的"得为"与"不得为"的双重要求。从另一个角度看，依法全面履行政府职能意味着法治状态下的政府不但要积极履职，而且得是全面履职，凡是归属政府职责范围的事项就不允许选择性履职。为依法全面履职，乡镇政府应严格遵守法律规定。全面正确履行政府职能，必须把该放的权力放开、放到位，把该管的事情管好、管到位。因此，乡镇政府在履职时，务必以生效的法律法规为准绳，该放的放、该管的管，做到以法律为准绳。

二、建立健全农村纠纷预警机制

乡镇政府在推进农村实现善治的过程中，应当着力建立健全农村纠纷预警机制，以便及时了解农村社会中潜在的纠纷和冲突风险，尽早剔除不稳定因素，及时采取化解措施，将纠纷化解在萌芽状态。任何事物都有其产生、发展的规律，农村社会纠纷也不例外，纠纷的发生总是一点一滴积累的结果。因此，化解社会纠纷要及时掌握纠纷发生的源头，从纠纷发生的萌芽状态着手，避免因纠纷的进一步激化和大规模群体事件的发生而带来的化解难度的增加。这就对建立社会纠纷预警机制提出了现实要求。社会纠纷预警机制，是对社会运行状况发出信号，显示社会可能或即将发生纠纷或者无序状态，以引起社会管理部门的注意，并及时采取相应对策，防止纠纷发生或激化，使社会运行保持有序状态的一套制度和方法。从整体上看，农村基层政府在构建农村纠纷预警机制时应以尽早发现、及时化解农村纠纷为目标。具体而言就是要做到以下四方面。

第一，农村基层干部必须从思想上高度重视这一机制。现实中往往倾向于依靠人治等传统的方式，以解决村民的诉求。但是，长此以往将可能强化村民"找关系"等传统观念，最终反而加大未来处理类似纠纷的难度、成本。

第二，建立科学的纠纷预警系统。纠纷预警系统应当具备高水准、可操作性强等特征，这样才有利于做到在纠纷潜伏时期就能及时察觉、预告，使纠纷在萌芽状态就得到有效遏制。该系统主要包括指标体系、分级管理、信息收集和数据分析等内容。所谓指标体系，主要是指影响社会纠纷发生的主客观因素，重点做好涉及农村群众切身利益的征地拆迁、土地承包、涉法涉诉、弱势群体等问题的分析研判工作。所谓分级管理，是指在对指标体系进行科学分析的基础上对社会纠纷进行分级管理，将那些冲突程度明显、对社会稳定影响大的纠纷问题列为首要解决的问题，以此类推，以便及时准确地抓住主要纠纷分阶段分等级进行化解。所谓信息收集和数据分析，是指安排专门的机构和人员进行社会纠纷信息的收集和数据分析，收集的信息务必做到准确和及时；在此基础上对这些信息进行科学的分析和预测，以便尽早、及时化解纠纷。

第三，建立健全重大事项稳定风险评估制度。对关系人民群众切身利益、牵涉面广、易引发不稳定问题的公共事务决策时，要对该决策的合法性、合理性、可行性和可控性进行科学的评估和论证，并制定相应的措施以应对不稳定因素。重大事项稳定风险评估制度应当包括评估的原则、机构、程序和内容，应保证这一制度的常态化运行。

第四，建立健全社会纠纷排查制度，以最大限度地减少消极因素，最大限度地调动积极因素，最大限度地把纠纷解决在萌芽状态，最大限度地减少对公民和社会的实质性伤害。农村基层政府要完善政府公共机制，加大政府在农村医疗、保险和农民工就业等方面公共政策的投入力度，从源头控制农村纠纷的产生。

三、完善农村多元便民调解机制

调解是借助说服教育的方式，在纠纷当事人中达成协议，进而化解纠纷的一类活动。为了高效地化解农村纠纷，需要大力进行多元调解体系建设。

第一，积极推动农村各类调解组织的发展。只有在存在较多调解组织的基础上，才能为发挥调解的重要作用奠定基础。目前来看，达成的调解协议的法律效力不强是一大制约因素。因此，针对达成的协议，可通过法院开展司法确认，赋予相应的强制执行力。

第二，完善农村多元化调解的规则制度。该纠纷化解机制应该涵盖程序与规范，但现实中基层司法机关与村委会等组织都确立了独特的调解制度规定。因此，面对类型持续变化的农村纠纷，需要加强实践经验的总结工作，补充并确定新的调解形式与规则制度，以满足纠纷化解的需要。

第三，根据每一农村实际状况的不同，应该积极关注民间化解方式的可取之处，从而保持其和当今法治的整体和谐性。推动国家法制与民间纠纷化解方式的协调统一，发挥二者保持社会秩序的共同作用，有利于更加高效地化解农村纠纷。

第四，还应积极运用和解方式来消除纠纷。针对和解方式的约束力不足的现状，可以考虑采取书面形式的方式将和解结果确定下来。倘若该纠纷又一次发生，那么基层政府或村委会先行对纠纷双方此前达成的和解协议进行相应审查，对该协议的合法性与有效性做出判定，再根据情况决定是否予以强制执行。由此可见，形成书面的和解协议是必不可少的，如此必然要求纠纷双方具备一定的素养。但是，由于大多数农民都不具备法律专业知识，所以需要着力推进农村公共法律服务建设，这与前文所提对策一致。

四、建立农村便民诉讼联系机制

为更好地解决纠纷，农村便民诉讼联系机制建设是非常有必要的。

第一，建立农村便民诉讼联系点。在农村建立便民诉讼联系点，对解决农村因法院真空带来的起诉不便无疑具有重要意义。当然，该联系点的作用仅在于便民起诉（例如提交诉状），而不是代替法院审判。因此，在没有法院或派出法庭的广大农村可设置一个方便群众的联系点，通过邀请本地威望较高的人出任联系人的方式，打造基本的便民诉讼网络。

第二，关注诉讼举证指导的技巧性。农民的文化素质不高、处理问题的能力不足是当前社会的一大客观现象。因此，针对这些纠纷当事方，相关工作人员就要有足够的耐心，通过通俗易懂的交流表达，持续地指导当事方举证。举证确有困难或不便由当事人举证的，可以通过审判人员调取证据。

第三，发扬"马锡五审判方式"。这一审判方式与农村具有很强的契合性，既解决了案件纠纷，维护农民权益，又不耽误农时。在农民院落或者田间地头开展审判，通过观看庭审的直观方式，并且用身边熟悉的人和发生在身边的事进行教育和感化，这种以案释法的效果会比其他普法宣传更好，有助于进一步增强农民的权利意识，推进农村基层依法治理，可谓一举多得。

第四，强化农村便民诉讼教育。开展专门的教育活动是强化农民运用法律进行救济的能力的需要。例如，举办"送法进屋""送法进校"等实践活动，设立有关诉讼知识的宣传栏，定期更新并派发载有审判流程、诉讼费收取标准、起诉及举证时效等内容的宣传资料。此外，在农村固定区域（如村委会）成立诉讼指导室，组织法官等专业人士坐班接待，解答农民的法律咨询，从而增强其诉讼能力。

第五章

现代农村社会治理的新思路——社区治理

第一节　农村社区居民公共参与的特征与建议

一、农村社区居民公共参与的特征

农村社区居民的公共参与特征可以根据不同地区和社区的具体情况有所不同，但通常包括以下一些常见特征。

第一，社区参与渠道多样性：农村社区居民可以通过多种途径参与公共事务，包括社区会议、居民委员会、互联网平台、志愿者组织、村民代表大会等。

第二，参与动机多元化：农村居民参与公共事务的动机多种多样，可能包括关心社区发展、改善居住环境、维护自身权益、提高社会地位等。

第三，层次性参与：不同层次的居民可能以不同方式参与公共事务，一些人可能更积极地参与组织、决策，而另一些人可能更倾向于提供意见和反馈。

第四，社区自发性：一些公共参与是自发的，居民自愿参与，而另一些可能是由政府或社区组织主导的。

第五，参与领域广泛：农村社区居民可以参与各种不同领域的公共事务，包括农村发展规划、农业生产、社区建设、环保、文化活动等。

第六，参与水平不均：不同居民的参与水平可能有差异，一些人可能非常积极参与，而其他人可能较少参与或不参与。

第七，参与形式灵活：公共参与可以采用不同形式，包括参加会议、提交意见建议、提供资源支持、参与志愿者活动等。

第八，社会网络影响：社会网络和人际关系对农村社区居民的公共参与也起着重要作用，朋友、家人和邻居的参与和态度可能影响个体的决策。

第九，参与教育和信息获取：居民的参与程度可能受到教育水平和信息获取途径的影

响，接触到更多信息和知识的人可能更有可能参与。

第十，公共参与文化：不同地区和社区可能有不同的公共参与文化，这可能影响居民的参与态度和行为。

总体而言，农村社区居民的公共参与特征是复杂多样的，受到多种因素的影响，包括个体动机、社会关系、教育水平、信息获取渠道等。这些特征在不同地区和社区之间会有很大的差异。

二、农村社区居民公共参与的建议

要实现社区治理中居民的有效参与是一项长期的工作。社区居民参与既体现了其作为社区治理客体享受社区提供的各项服务的权利，更体现了其作为社区治理主体，自觉自愿参加社区各项活动、管理社区事务、推动社区建设的权利。只有社区居民广泛、直接参与社区治理，积极对社区建设建言献策，才能在此过程中逐步培养起社区居民对社区的归属感与认同感，从而不断推动社区和谐、健康发展。解决社区治理中居民参与存在的问题，是一个长期的循序渐进的过程，也是一个系统的工程，不是单靠一个部门的推动、一个方面的改善、一个层次的提高就能做到的，需要关注参与主体、客体、渠道和意识等各个方面，需要社区治理的多元主体齐心协力、共同努力。

(一) 平衡参与主体，促进区域全面发展

1. 提升居民的参与层次

(1) 动员式执行性参与是目前社区居民参与的主要形式。所谓动员式执行性参与是指社区居民在社区工作人员的动员、劝导、说服下参与（执行）社区管理机构业已形成决定的事项，例如，参加社区组织的各类活动，开会听取有关本社区工作的通报、部署等。这种参与既不能对社区事务的具体项目进行决策，也不能对社区公共权力的运作进行监督。由于执行性参与不属于对社区公共权力的运用，其价值当然不如决策性或者监督性参与。

(2) 老年人、低收入群体、低学历群体是目前农村社区居民参与的主体，所以居民参与尚处于低层次状态。当前上班族、高收入群体和社区精英的参与相对较少，因此，社区治理者在进行下一步工作时应特别注重调整和平衡参与主体的结构，开展适合不同年龄阶段、不同群体的居民参与的活动，吸引更多人参加，丰富参与主体类型，提高参与度。

2. 逐步缩小城乡间差距

随着城镇化工业化步伐的加快，一批又一批的年轻人进城务工，农村留守人员成为居

民参与的主体，但由于其文化水平和基本素质偏低，致使居民参与水平持续跟不上。现阶段应主要从以下两个方面来解决：

（1）在推行九年义务教育的基础上，继续提升农村地区教育程度。当前有很多农村学生读完初中之后就会辍学，而辍学后就会外出打工，这样一来农村的空心化就会加剧。提升农村地区教育程度和教育水平实属当务之急。

（2）加强农村地区招商引资。政府要吸引年轻人返乡发展家乡经济，鼓励农村地区发展乡镇企业、兴办集体经济、发展特色产业、实施乡村振兴。农村空心化现象减少，在一定程度上也会提升居民参与的水平。

（二）扩大参与领域，着力健全配套措施

1. 提供多元化的社区服务

社区服务是影响居民认同感和归属感的重要因素，也是衡量社区治理水平的重要指标。社区应当以居民需求为导向，提高社区服务水平，从而以服务促进居民社区认同。社区服务水平的提升需要从便民服务、公共服务和特色服务三个方面着手。

（1）完善社区便民服务。首先，完善社区基础设施建设。基础设施是居民得以安居的保障性服务项目。当前农村社区的道路硬化、自来水和排污设施等基础设施建设与社区居民基本生活需求的契合度较低。因此，社区需要加大基础设施短板的投入力度，构建投入、建设和维护机制，以满足居民的基本需求。其次，加强社区公共环境治理，重点解决垃圾污水处理问题，改善社区人居环境。最后，提升社区防范风险能力，加强社区治安建设，提高社区民警配置率和社区安全警示监控设施覆盖率，开展社区安全教育及防灾减灾活动，强化社区治安管理。

（2）加强社区公共服务。首先，以村委会及工作人员的工作态度和工作效率为抓手，提升社区公共服务项目（如劳动就业、医疗卫生、法律救助、纠纷调解和社会保障等）效能；其次，着力提升农村社区公共服务能力，实现社区公共服务均等化。

（3）拓展社区特色服务。社区居民群体庞大，但提供的服务却比较大众，为吸引更多不同类型的群体参与社区活动，社区管理者和活动组织者就要创建和开展丰富多彩的活动来满足不同居民群体的需求。一是针对青少年儿童，可以开展游戏类、书画类、文艺类活动，既丰富他们的课余活动，又增加他们的交友渠道；二是针对老年人，大多数老年人空闲时间多，儿女常年不在身边，社区可以建立棋牌室和老年人活动运动器材室、组建广场舞团队、开办老年大学等，丰富老年人生活；三是针对社区特殊人群，提供精神障碍康复服务和社区矫正人员服务，帮助特殊群体融入社区。

2. 大力发展社区中的组织

（1）发展社区社会组织。在我国社会结构变迁和转型过程中，社会组织对社会发展的意义非常重要。同样地，在社区居民参与社区治理方面也是一样，社区社会组织作为一种民间组织近年来蓬勃发展，可以承担社区中很多公益性服务项目，从一定程度上减轻村委会的工作负担。但从目前来看，社区社会组织还存在能力有限、缺乏支持力度、资金短缺、人员不足等问题，所以必须及时创新发展社区社会组织。首先，政府部门要转变传统观念，合理优化社区资源配置，鼓励、支持、扶持社区社会组织发展。要勇于打破政府统管社区服务的思维，引入市场竞争机制，与社会组织合作，优势互补，提高社区服务和居民参与水平。其次，加大政府和社会力量对社区社会组织的资金支持力度，提供必要的经费支持。①政府财政专项支持；②政府购买服务；③适度减免对社会组织的税收；④利用政策鼓劲，支持企业捐款；⑤通过与企业合作为社区引进服务项目筹集资金；⑥制定关于社区社会组织的法律法规，保障社会组织良性运行。

（2）发展社区中介组织。社区中介组织作为非营利性组织，是居民与社区、基层政府沟通互动的桥梁。社区中介组织是由社区居民成立的，在本社区地域范围内活动，为了满足社区居民的多样化需求，介于社区自治组织和社区居民个体之间的组织。这些社区中介组织可以沟通政府与社区之间的关系，可以增进社区居民之间的沟通与交流，增强居民对社区的归属感和认同感。政府可以通过培育和扶持这些社区中介组织的发展来推动社区居民自治。首先，政府要确保社区中介组织的独立性。坚持政社分开，弱化官办色彩，减少内部干预。其次，政府应搭建与社区中介组织沟通的平台。一般情况下，社会中介组织往往掌握着一些政府所无法及时获得的信息，政府可以搭建一个平台与这些社区中介组织进行平等对话，降低政府的治理成本。最后，政府和社区要定期召开与社区中介组织的交流会议，针对社区治理中居民参与的有关情况和问题进行意见交换和交流，通过不断沟通协商一起寻求解决途径和方法，实现合作共赢，共同为社区治理服务。

3. 提升社区养老服务水平

养老是社区服务老年人的核心内容，必须保障老年群体"老有所养、老有所乐和老有所为"。首先，创新社区养老服务新模式，构建"居家养老+社区养老+机构养老"为主要特征的养老服务模式。为弥补当前养老资源的不足，基础较好的农村社区应积极创新养老模式，探索"互联网+智慧养老"新模式。其次，拓展养老服务项目。现有的社区服务只涉及老年人生活服务、养老金等福利补贴和医疗服务，基层政府和社区在今后开展老年人服务项目上应该做好调研，吸收老年人的意见，同时增加有关老年人心理健康、社会交往

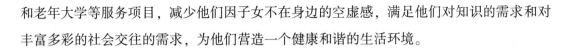

和老年大学等服务项目，减少他们因子女不在身边的空虚感，满足他们对知识的需求和对丰富多彩的社会交往的需求，为他们营造一个健康和谐的生活环境。

（三）拓宽参与渠道，加快构建制度保障

1. 引入居民参与新途径

社区与居民的互动方式包括公示栏、宣传栏、宣传手册/单页等传统互动和网络互动两种方式。当前，传统互动方式的效能日渐降低，已无法满足居民参与社区治理的需求。因此，打造居民网络参与平台对创新居民参与社区治理方式具有重要意义。社区网络参与平台主要包括创建社区网站或公众号、开辟社区论坛和建立 QQ/微信群三种类型。社区网络参与平台的构建，可以为居民提供便捷的交流、互动渠道，这种全新的互动方式，拓宽了居民参与社区治理的领域，促使居民更加及时了解社区动态、政策法规以及服务流程，及时广泛发表意见和表达利益诉求，实现居民与社区的良性互动。

同时在我国长期的社区治理实践中，涌现出非常多的实际效果好且切实可行的居民参与途径，值得社区学习引入。例如，由沈阳市沈河区开创的社区人民联络员，该方式可以加强人民代表大会与社区居民的联系，及时收集社区居民的意见和建议，帮助更好地发挥人民代表大会制度的政治优势。湖北秭归在"幸福村落"建设中，以村民小组为单位划分网格，小组长或者村里有知识的青年担任该小组网格员，在村民协商议事和民主监督方面都发挥了积极作用，强化了村民小组自我管理、自我发展、自我教育、自我服务的意识。

2. 完善居民的参与制度

（1）加快制定法律法规。一切社会治理都要以法律做保障，以制度为准绳，社区居民参与社区管理也不例外，社区居民的参与要有制度化、规范化的机制作保障。一是法律应明确社区参与的主体及主体的权利。社区参与的主体可以是个人，也可以是组织、团体，对不同参与主体的权利和义务，哪些事项能参与，哪些事项不能参与，都要以法律形式予以规范，避免引发矛盾。二是法律应明确具体的参与程序。应制定一套详细的、操作性强的参与程序，对何时议事、何时实施、村民与村委会要怎样做、有建议或意见应怎样提等都要有详细规定。

（2）完善民主监督。一是强化监督责任，提高政治站位。农村社区应切实做好社区党务、居务、财务公开工作，增强社区工作透明度，拓宽民主监督渠道，保障群众的知情权、监督权、参与权，通过制度建设明确责任分工，强化民主监督的责任落实。二是围绕社区工作实际，接受群众监督。向居民及时汇报本社区发展情况、工作开展情况等，通过

召开村民大会、村民代表大会、社区临时会议，聆听居民意见和建议，自觉接受群众监督，提高工作成效。三是优化协商制度，促进居民参与。农村社区应完善社区协商议事制度，营造社区各组织、各主体自觉参与的社区治理氛围，在农村社区吸纳尽可能多的村民、驻村干部、乡贤能人参与农村事务协商，在社区党组织的领导下解决社区问题，更好地服务社区居民。

（3）规范参与程序。一是每一个社区可以根据自身情况制定居民参与规则和制度，例如居民需要参与哪些社区事务、怎样参与、时间地点等，要形成成文规定。在农村社区制定村规民约也是一个很重要的方面，用传统、道德和理性来规范农村社区居民参与。二是制定规则，确保社区政务、党务、事务、财务"四务"公开，通过社区公开栏、短信、微信群、QQ群等多种手段向居民传送信息，在接受监督的同时增强与居民的良性互动。三是建立居民参与平台，以村民大会、村民代表大会等法定平台为主，将社区社会组织、志愿者组织、社工机构等非法定组织纳入其中，使居民充分参与到社区活动中来，在享受权利的同时也尽到义务。

同时，在居民参与社区事务时也要制定科学合理的流程：一是确定议题，社区派出工作人员到居民中走访调研，解决问题，对不能解决的做好收集整理工作，根据轻重缓急不同程度确定议题；二是召集参与，通过公示议题、发送短信、网络推送等方式通知社区居民在某一确定的时间到社区进行议事；三是充分讨论，以村民大会、村民代表大会、民主协商会的形式讨论议题，允许参会者充分自由发言；四是表决决策，在充分讨论后，以举手表决、投票表决等形式收集与会居民意见，进行统计，当场公布结果，并进行公示；五是遵照执行，村委会根据表决结果实施相关举措；六是监督检查，在执行中、执行后都要接受居民监督和检查，必要时应成立居民监督工作小组；七是意见反馈，在执行过程中可能会存在与决策相冲突的问题，也会有居民提出新的意见和建议，要注意及时收集，以备后续调整措施；八是后续整改，根据收集上来的意见进行二次整合，修改前期措施，不断完善。这八个步骤，缺一不可，只有做得好才能有效解决居民之间的矛盾、居民与社区组织的矛盾、居民与政府部门的矛盾，使社区居民与社区共生共荣。

3. 合理地定位政府角色

社区建设要解决的真正的问题不是所谓行政化或自治化的矛盾，而是如何在分别加强社区行政力量建设以及进一步培育社区自治力量的基础上，使两种力量在发育中的社区里得到整合，只有政府合理定位自身在居民参与社区治理中的角色，用正确的、科学的理念指导居民参与，居民的社区治理主体地位才能得到巩固，才能积极推进社区居民参与。首先，政府是社区建设的引导者。政府应该为社区建设提供发展规划完善法律法规，并对社区建设和社区事务起到从上到下的监督作用。其次，政府是社区资源的整合者。由于政府掌握着天然的社会资源和资源配置的权力，故而其在社区治理中有特定的优势，政府应该将这些优势发挥出来，在各个社区组织之间进行调配，使其共同促进社区发展。最后，政府是居民参与意识的培养者，要意识到社区是居民的社区，传统的、强制性、命令式的方式已经与当前公民意识觉醒不相适应，要在充分尊重居民合法权益、承认居民主体地位的基础上进行政府职能转移和权力下放，与基层群众自治组织连接起来，将权、责、利统一起来，回归社区自治。

（四）培养参与意识，全面提升参与能力

1. 加强培养居民主体意识

社区宣传教育是居民参与意识培养的重要抓手。社区的异质化、功能单一性和社区居民的流动性致使居民与社区的关联度较低，居民认同感和归属感较差，居民参与社区治理意识较为薄弱。因此，当前需要以社区共同体宣传教育系列活动为抓手，培养居民主体意识，转变居民的认知及提升居民参与技能，主要包括以下两个方面。

（1）自治主体意识宣传。居民是社区治理的重要主体，以"社区是居民的"为核心理念，策划系列村/居民自治政策宣传教育活动，明确社区居民自治的主体地位，强化社区居民的主体意识，明确自身权责意识，增强居民对社区的认同感和归属感，使"社区是居民的"理念真正为居民所接受。

（2）社区治理宣传活动。通过组织居民参与社区治理内容、方式和价值等方面的宣传教育活动，提高居民对社区发展现状、未来发展规划、公共政策制定及监督流程的认知，明确参与社区治理的意义和价值，从而提升居民参与能力。

2. 建构居民参与激励机制

为充分调动社区居民参与的积极性和创造性，政府部门可采取适当的激励举措。一般而言，政府实行的奖励举措是居民是否主动参与社区治理的一个重要因素，而奖励举措的力度大小则是影响居民参与是否深入的关键。为了促进居民参与行为的最大化，建立参与型社区，更好地满足居民的多样化利益需求，可以从以下两个方面入手。

（1）就社区居民来讲。一是要将居民利益与社区利益进行整合，要从思想源头上让居民知道社区的事就是自己的事，社区事务与自己的利益是密切相关的，而自己在日常生活中遇到的问题都可以通过参与社区事务协商和其他社区治理行为得到解决，并且可以通过参加社区活动维护自己的权利。只有让居民利益社区化，使居民与社区紧紧联系在一起，

才能使居民主动积极参与到社区治理活动当中，提升居民整体参与水平。二是针对不同居民群体采取不同激励措施，如青少年，他们兴趣比较广泛，喜欢的东西可能是比较新鲜、新奇的，所以在社区治理中就要多开展一些青少年喜欢的活动，吸引他们参与；而中年人由于白天需要外出工作，回到家里已是夜晚，对这一部分人就要考虑到他们的职业习惯和空闲时间，例如可以将部分社区活动安排在周末举办，尽可能吸引他们参与；而针对老年人等常年在家人员或者退休职工，应该在社区养老、棋牌杂艺方面设置活动，为他们参与社区治理提供便捷。三是在注重荣誉激励的基础上也要采取一定的物质激励，可以在参与的社区活动中设置奖项，例如知识竞赛奖、书画比赛奖等，这些奖项可以是直接的礼品发放，也可以结合社区日常缴费进行抽奖减免，这将极大吸引居民参与社区事务，提高参与率。

（2）就社区工作者来说。社区工作者的职责虽然是管理、服务社区居民，但为了激发和鼓励他们更好地工作也应该给予一定的奖励政策。一是制定绩效考核工作制度，将社区工作者日常工作和表现纳入考核范围，并且将指标进行细化，从上级部门的评价和社区居民评价两个方面入手打分，对绩效优异的社区工作者给予一定的奖励，例如适当提高工资补贴、发放奖金等。二是政府方面要经常与社区工作者进行沟通交流，为他们提供学习培训的渠道，提高他们的工作素养和专业技能，并适度提高社区工作者的工资水平和福利待遇，增强他们的获得感和归属感，使之更好地服务社区居民，同时吸引更多优秀人才参加社区工作。

3. 积累有价值的社会资本

社会资本存在于公民参与的网络中，是在普遍互惠的规则下形成的。它天然地蕴含了人与人之间多主体的互动关系、处理多主体之间关系的规范要求以及人际关系的情感性联结。社会资本网络中的成员通过社会资源的互相支持、利益的获得与维护，要求个体之间建构起相互信任的关系。因此，个体之间的互动，以及涉及互动关系维系与调节的信任、规范和网络是社会资本的构成要素。作为存在于社群组织中的非制度化规范，较高的社会资本有助于使各成员以信任、合作的意愿和行为协调行动，降低合作成本，进而有助于实现集体效益最大化。反之，如若信任、规范等社会资本基本要素的存量处于不稳定或较低状态，成员将对组织缺乏认同感并进而影响其在生活共同体中协作生活的意愿和情感。

（1）利用新型社交媒体平台增进社区居民之间的情感联结。我国互联网技术的迅速发展，为居民之间的情感联结创造了绝佳的条件。居民之间的情感联结除以往面对面的传统方式外，还可以通过政府部门和社区工作者积极引导，采用微博、微信等网络平台，增强居民之间的交流互动。

（2）开发社区关系网络资本激发居民参与和社区认同。社区居民作为社会人的各种情感关系和各类社会资源都会在社区网络关系中集合，从我国的现实国情出发，在社区网络资本的积累过程中，应当更多地建立各种社区组织和社团，通过社区组织来吸纳社区成员的平等参与，打破自上而下的行政动员性质的被动参与和狭隘地域关系的阻隔。

第二节　农村社区协商民主的实践形态与思路

一、农村社区协商民主的实践形态

在新时代的历史背景下，社会主义协商民主制度呈现出多层级、多元化、制度化的发展趋势，社区协商也伴随着基层民主的渗透而蓬勃发展。"农村社区协商是自我整合、自我治理、自我规则化的过程，旨在建构乡村社会的自组织力、自创造力和自我演化力机制，旨在深化城乡民主制度和优化基层社会治理结构，形成基层社会治理体系和社会活力机制"①。农村社区协商作为一项治理工具，通过多种渠道、多种形式来构建农村社区利益表达机制、利益保障机制、利益实现机制，推动着农村社区治理的有序发展。

（一）农村社区协商民主的实践成效

社区协商在我国城乡基层治理中为社会各个阶层提供了参与公共事务的基本方式，为政府与社会之间建构了互动合作的桥梁，通过民主的力量、民主的方式和民主的程序来进行民主的决策，合理有效地化解基层公共矛盾、解决公共问题。在新时代的历史条件下，社区协商实践也逐步取得显著成效。为整体把握农村社区协商实践取得的显著成效，此处从农村社区协商主体、协商内容、协商形式、协商程序、协商效果五个方面展开具体分析。

第一，社区协商主体日益扩大，社区整体氛围日益和谐。在农村社区这个生活共同体中存在着多元主体，不同主体之间又具有千丝万缕的利益相关性。社区中的党组织、村委会、公共服务站、社区警务室、驻村企事业单位、社会组织、社区自组织、社区内居住和生活的新老居民等共同构成了社区治理的多元主体，这些主体在一定程度上都具有参与社区事务的潜在动力。随着农村社区协商的不断发展，能真正参与社区协商的主体正不断壮大。在涉及居民切身利益的实际问题上，利益相关方都有权利参与社区协商，参与公共决

---

①陈荣卓，陈鹏. 新时代农村社区治理：经验与效能［M］. 武汉：华中师范大学出版社，2021：97.

策，其中既有村干部、治村能人，也有普通村民。

第二，社区协商内容渐趋丰富，社区公共问题备受关注。社区协商内容主要包括协商议题的选取及确定。从协商议题的类型来看，主要包括决策类、管理类、监督类、公共服务类、对话类、信访类等。从协商议题的主题来看，包括公共决策、群众矛盾纠纷、村（社区）建设发展规划、卫生环境、基础设施投资、便民服务、参与式预算等。议题的类型和主题可划分为三大种类：一是行政性协商议题，指党和政府需要通过社区协商在基层落实的大政方针政策和重点工作部署的协商议题，其中也包括法律法规和国家政策明确要求的协商事项，带有强制性导向；二是自治性协商议题，指在基层自治领域内，基层群众自治组织内部之间需要解决的协商议题，具有自主性；三是混合性协商议题，指需要基层政府、基层自治组织及社会组织等多个治理主体公共参与合作的协商议题，具有半强制的主导性。在以上这些议题中，公共设施建设问题、村庄规划与发展问题、村公共环境卫生治理问题是村民协商参与率最高的三项。由此可见，社区协商的内容日益丰富，诸多与村民利益相关的公共事务、民生问题不断被提上议程，社区协商不再由个人意志和个人偏好来决定。民意的采纳能不断提高村民的参与率，不断提升社区协商的科学性、公共政策的合法性。

第三，社区协商形式不断创新，社区治理方式趋于柔和。我国传统的科层制管理模式，具有自上而下、高效统一的制度特点。这一方面为高速运转的现代秩序提供了短平快的治理技术；另一方面也不可避免地容易忽略公共决策的人文关怀和基层民众的多样意见。协商民主治理的嵌入，让基层治理重拾多元化的个人观点，让治理回归基层群众社会。民主的发展品质是在社会进程的每一个具体实践步骤中体现出来的，通过协商民主的发展，能不断积累现代民主资源，使中国民主政治在到达一定阶段后展现出新的内在结构与外在形态。因此，协商民主也必然是一个不断演进的过程。在这一过程中，农村协商形式不断推陈出新，协商过程更加注重倾听意见和回归内心，通过充分的沟通合作与协商洽谈完成与基层群众主体意向高度契合的物质建构。社区协商的创新化，极大地丰富了社区居民参与协商的方式及途径，提高了村民的参与积极性。

第四，社区协商程序更加灵活，社区居民参与程度提升。社区协商相比于民主选举，具有灵活变通、简单快捷、适应性强、应用广泛的特点。社区协商没有法定的周期性或阶段性，可以根据社区的公共事务及突发性重大事件随时进行。协商活动的发起和流程制定没有严格明确的法律限定，具有一定程度的灵活性，可以在任何年度的任何时间节点开展。民事由民议、民事由民决，社区协商的常态性和灵活性，保障居民参与社区公共事务与决策的常态化，对居民实现自我管理、自我教育、自我监督具有积极意义。因此，社区协商有助于充分动员和鼓励居民参与社区政治生活，不断强化居民的公共责任意识和社区认同感。

第五，社区协商效果持续延伸，社区居民生活日渐改善。协商民主不能停留在社区的单方驱动上，而要促进社区发展资源的聚合以及发展成果的延伸，通过经济发展、社会进步、党政领导优化、治理结构改善和政府大政方针的引导来巩固社区协商成果。在人民民主的逻辑思路下，将民主作为资源性要素嵌入基层社会治理中，可以使各种社会主体不仅有活力，而且能形成合力。社区协商作为基层民主的实现形式，贯穿基层群众自治的全过程，让基层群众对民主选举的人选、民主决策的事项、民主管理的内容、民主监督的问题都充分酝酿、讨论协商，能充分发挥"四个民主"的合力，提升基层民主的质量，增强基层群众民主参与效能。

社区协商成效是社区开展协商活动所追求的根本目的，社区协商的最终效果可以从多个角度衡量，社区环境的改善、利益主体矛盾的化解、基层组织的工作效率提升、社会组织的广泛参与、村民的肯定与拥护等方面都可以作为衡量社区协商取得较好成效的检验指标。当前农村社区协商处于发展阶段，社区协商不断获得较好成效，社区协商效果呈现出延伸拓展的趋势，这在一定程度上反映出社区协商效果在实践层面能给村民带来效能感。

（二）农村社区协商民主的实践限度

随着生活水平的不断提升，人们不仅对物质文化生活提出了更高的要求，而且在民主法治、公平正义、和谐安全等方面的主体意识也日益增长。由于利益主体的多元化发展、利益诉求的快速增加、公民意识的提升和参政议政能力的增强，人们对民主政治的要求相应增加。协商民主强调居民的广泛参与，以此来赋予居民更多的知情权、表达权、决策权、监督权等，"有助于居民自治从政府规划引导型向居民内生参与型转变"[①]，激发基层民主自治的内生动力。尽管社会主义协商民主与我国现行的许多制度已基本契合，但基层民主自治中的社区协商依然面临一些障碍因素，基层社区容易出现"遇到问题和矛盾纠纷才协商""公共决策出现分歧才协商""利益集团在协商过程中联合寻租"等现象，社区协商所追求的平等参与、理性表达、合法决策等内在价值在工具理性的驱动下难以实现。从农村社区协商具体实践来看，民生需求与制度供给、强势群体与弱势群体、内生动力与外部推力、协商形式与协商内容、结果达成与执行效果这五对矛盾在很大程度上制约了农村社区协商民主的有效发展。

---

① 任路. 协商民主：居民自治有效实现形式的运转机制 [J]. 东南学术，2014（5）：59.

1. 民生需求增加和协商制度供给不足矛盾显现

随着市场经济的发展与国家治理的转型，社会利益结构开始了多元化的发展历程，且阶层分化日益明显。这种发展趋势必定伴随着利益诉求的多样化，因此不同阶层主体之间的矛盾与纠纷开始增多，这些矛盾纠纷日积月累容易形成危及经济社会稳定的社会问题，增加基层治理的难度。从应然层面出发，社区协商的兴起与发展，在一定程度上能满足公民的政治参与和协商对话的需求，能妥善解决不同群体与个体之间的利益分歧，同时也为政府和社会搭建了协商对话的平台，能帮助调和各个阶层之间的利益关系，稳定并维护好政治秩序与社会关系。但从农村社区协商实然层面来看，当前社区协商制度性供给与相关利益主体的实际需求还存在一些矛盾。一方面是村民民生需求快速增加以及随之而来的大量纠纷冲突；另一方面是常态化的协商机制建设跟不上协商发展的步伐。因此，相关利益主体试图通过程序化的方式解决利益冲突的愿望，与暂时落后的矛盾纠纷调处机制之间还存在不小差距。

2. 强势群体主导弱势群体表达受阻的现象并存

基层民主是中国民主政治发展的基础。理论与实践都表明，以公民个体为单位而开展的协商活动是基层民主的重要形态，发展公民协商是基层民主建设的重要途径。社区协商正是以公民为主要参与主体的基层民主协商形式，可以让社区居民以不同身份作为利益相关者参与社区公共事务的决策中。协商主体的平等性能影响社区居民的参与主动性和积极性，是保证协商民主价值实现的必要前提之一。协商主体的平等性包括信息资源平等、协商地位平等、参与机会平等、表达权利平等多个方面。然而在基层协商民主实践中，由于信息资源占有的多寡、政治参与能力的强弱、权势地位的高低等因素影响，基层协商依然有较明显的强势群体与弱势群体之分。在实际的社区协商活动中，强势主体往往具有更大的话语权和决策影响力，弱势群体由于参与主动性不强、协商平台设置门槛过高、个人能力不足、缺乏政治权威等因素而影响到其协商过程中的利益表达，进而导致在社区协商过程中，强势群体主导协商与弱势群体表达受阻的现象并存。

3. 内生动力不足和外部行政推力抑制民主参与

国家与社会在发展基层协商民主问题上尽管存在博弈关系以及各自的价值追求，但本质上来讲，发展基层民主是国家与社会的共同意愿。但由于二者对追求基层协商民主的逻辑出发点不同，往往在操作实践层面出现难以融合的局面。国家层面的逻辑出发点是基层民主的法治化，社会层面的逻辑出发点则是基层民主的民主化，国家由上而下的行政推动和社会内部由下而上的民主需求，共同推动着社区协商的发展。村委会在农村社区开展协商活动时，多缺少协商机制与协商氛围，在多重因素的综合影响下，一些村民缺乏主人翁意识，习惯于通过"搭便车"行为获得社区公共事务的利益。部分社区在组织开展协商活动过程中，村民的参与意愿不高、民意代表性不足，导致协商活动获得最终决策后，协商结果被选择性执行，从而使民众缺乏参与社区协商的满足感和获得感。

4. 协商实现形式和协商具体内容之间缺乏契合

基层协商民主的生长空间，一方面来自改革开放以来的体制活力释放；另一方面来自社会的自我成长。但无论在何种条件下，基层民主的发展与成熟始终都要建立在日积月累的探索和实践基础上，而不能寄希望于一朝之功和一步到位。在发展的过程中必然要经过探索、实践和积累，因此任何有意义的探索和实践在初始阶段都不可避免地带有不成熟元素，这种渐进式的发展路线引导着地方的社区协商实践只能是不断摸索着实施。因为存在多种表现形式的农村社区协商，所以农村社区民主生活呈现出多姿多彩、异彩纷呈的局面，但是对何种协商民主形式解决哪些问题，或者说怎样的协商内容应该用怎样的形式来解决，成为目前农村社区协商民主发展的一大难题。尽管当前农村社区协商的方式方法层出不穷，但总体上依然存在着重结果、重技术、轻过程、轻规范的实用主义倾向，从而导致农村社区协商活动浮于表面、流于形式、形式大于内容。农村社区协商的发起者和组织者在协商的组织过程中往往缺乏由社区居民自主选择协商方式的环节，大部分社区协商活动都是基层政府或基层政府的派出机构直接发起并引导利益相关者参与其中。如果社区协商活动只有民意表达却缺乏讨论和理性妥协的过程，没有整合民意和统一结果的过程，其作为达成妥协与共识的作用就难以彰显。如果协商过程只有居民接收信息和做出妥协，而没有合理的利益表达和自我辩护，就无法获得大部分利益相关主体的选择偏好和个人立场，也就不能为社区的公共决策提供科学依据和有效建议。因此，协商形式与协商内容之间需要一定的契合，只有根据具体的协商事项决定不同的协商形式，才能真正达到社区协商活动开展的主要目的。

5. 协商所获结果和最终决策执行之间部分脱节

社区协商的最终目的是达成解决社区公共事务或公共决策的一般性共识，协商结果与最终决策之间能否形成一致性并得到落实，成为检验社区协商最终价值实现的重要衡量标准。由于目前很多农村社区协商实践都处于萌芽期或发展期，社区协商的形式创新和制度设计都还处于探索阶段，其运行机制、监督机制和反馈机制都不健全，因此容易出现协商结果与最终决策之间部分脱节的问题。这一问题的产生，容易导致部分农村社区的协商活动议而不决，或者协商活动最终获得的协商结果不被采纳、公共决策不能按照民意得到有效执行。受行政意志的影响，部分社区协商结果还难以进入公共决策领域。原本合理合法的社区协商活动，通过一系列民主公开的协商流程、获得大众满意的协商结果，却因最终的选择性执行而与初衷背道而驰，降低了农村社区协商的公正性与有效性。

协商理想和现实民主实践之间存在着较大的鸿沟，最为典型的疑问是：一个在本质上小而迟缓的协商团体如何治理庞大而复杂的社会？协商民主如何作出及时而有效的决策？怎样才能使参与者遵守协商原则而不被个人或团体私利所操纵？这些问题束缚着农村社区协商的发展走向，协商所获结果与最终决策执行之间的脱节以及协商过程中的精英主义倾向都在不断影响着社区协商民主的公正性。由于权力的不恰当运用所形成的主导、支配、灌输、宣传、欺骗、威胁、私利性表达，不仅扭曲了协商行为的意识形态也影响了基层群众的偏好与判断，抑制了基层民主自治的内在活力。

二、农村社区协商实践的创新思路

农村社区协商发展的机遇与挑战并存，在取得显著成效的同时也面临着多重的发展阻碍。为提高农村社区协商能力，社区治理主体及参与主体都应积极投身于社区协商的行动中，形成纵向联合、横向合作的系统性发展力量。新时代背景下，加强城乡社区协商的大政方针已经指明了进一步发展的方向，基层农村社区要以求真务实、敢于创新的精神与作风提高实践能力，营造良好的社区协商氛围，促进基层民主实践的健康有序发展。

（一）理顺政社关系，改变基层政权的领导方式

协商民主包含政府与社会的互动关系，具体表现为基层政府与基层群众自治组织的衔接与互动。如何理顺政社关系，提高社区协商参与的平等性，是发展社区协商的关键。在当前的社区协商发展实践中，尽管社区协商普遍主张参与的平等性，所有成员一视同仁，不允许特殊的个人利益超越公共利益，但在实际的社区协商实践中，利益相关主体在协商过程中的话语权和决策权的影响力受制于各自的社会身份地位、个人权威、利益集团的合谋、社区精英的个人魅力等，这些都会不同程度地影响协商过程与最终决策结果。例如，由于村委会具有"半官方"的性质，因此在行使信息传递职能时，难免受到基层政府行政力量的牵引，潜移默化地影响村民代表大会的决策职能和监督职能的履行。

因此，为提高农村社区协商的实际成效，就必须理顺政府与社区之间的关系，推动社区自治组织"去行政化"，让参与社区协商的利益相关者能成为平等的协商主体。各级政府可以通过舆论引导、程序规范、过程监督和评估反馈等形式保障社区公共决策的合理性与合法性，防止社区自治组织的功能异化、组织力量分化，不断形成纵向的联合力量以聚

拢来自横向的各类社区组织的合作力量。横向的社区组织建设应该充分发挥各自的优势力量，形成相互监督、相互配合的平行组织网络，避免社区组织呈现出科层化的行政结构，促进社区协商主体更加平等、密切的交流合作。

农村社区协商不仅需要纵向联合的行政力量和横向合作的社会组织力量，而且需要不断加强基层党组织的领导功能。党的领导是中国特色社会主义最本质的特征，同时也是我国社会主义协商民主健康有序发展的根本保证。从宏观层面来看，我国社会主义协商民主的发展始终需要坚持党的领导、人民当家做主、依法治国的有机统一，坚定不移地走中国特色社会主义发展道路，不能照搬照套西方政治的民主发展模式。从微观层面来看，农村社区协商民主的发展需要充分发挥基层党组织协调各方、统领全局的领导核心作用，始终坚持民主集中制原则，在农村社区协商民主活动中不削弱党的领导和权威、不放弃党的领导责任。基层党组织是党联系广大党员和人民群众的桥梁，是党在社会基层组织中的战斗堡垒，是党的战斗力基础。

新时代背景下的基层党组织建设，会直接影响党的引导力和凝聚力。应将发展农村社区协商工作纳入基层党组织工作部署和议事日程，统一规划、统一领导、统一部署，确保本省农村社区协商活动能有计划地开展、有步骤地进行、有组织地保障。各级领导干部要重视并参与到当地农村社区协商民主的实践当中，基层党组织要充分发挥推动民主发展、服务社区群众、凝聚人心力量、促进社区和谐的作用，通过农村社区协商民主的贯彻落实，加强和完善基层党组织的领导职能。

(二) 坚持因地制宜，深挖社区协商的有效形式

基层协商民主在我国具有深厚的文化基础、理论基础和实践基础。发展农村社区协商，要围绕国家治理体系和治理能力现代化的目标与要求，坚持正确的大政方针走向，立足区域政治、经济、文化的发展特点及发展基础，因地制宜地探索城乡社区协商形式，坚持继承传统地域协商特色与改革创新有机统一。农村社区的发展水平由于地区分布具有明显差异，发展的政治基础、经济基础和文化基础不相一致，因此社区协商发展水平必然也参差不齐。不同地区应当结合当地实际，通过多种渠道、多种手段、各种方法进行广泛的社区协商，提升社区协商的实践水平，探索优秀的社区协商模式。对一些发展成熟的协商做法与模式可以扩大推广宣传的范围，甚至提升为基层协商民主的制度规范。

具体而言可从三个方面进行探索：一是丰富社区协商活动的议题，在主题和内容上有所突破。对社区协商所要选择和设定的议题，基层工作者要深入社区和村民群众，进行广泛调研，防止闭门造车。可以在农村社区内部设立相关的意见箱、电子服务平台，围绕社

区发展的规划、群众关心的议题征求民意，选择与村民利益相关的文化、教育、医疗、就业等公共问题开展协商，准确把握社区发展的脉搏，切实反映当地群众的愿望与需求。二是拓宽村民参与协商的渠道，创新公众参与形式。社区要根据协商议题的内容及利益相关者的参与情况，为参与者提供最为公平、公正、公开的参与途径，可以社区为依托，为村民搭建一个能广泛参与公共事务决策、管理和监督的协商民主平台。三是提升网络平台在社区协商中的作用，提高线上协商与线下协商的有机融合。各个农村社区可以充分利用政府门户网站、政府公共服务网络系统、服务热线、社区微信公众号等多种传统与现代结合的媒体形式，为社区居民不同阶层的群体提供社区协商的便捷通道，提高信息公开的及时性与全面性，减少信息不对称、信息失真所带来的负效应。

（三）激发内生动力，培养社区协商的多元主体

社区协商的内生动力来自多元主体的参与积极性，因此如何营造良好的参与氛围是激发农村社区协商内生动力的关键。通过培育社区协商民主文化、倡导协商民主精神，能塑造社区既民主又集中、既自由又规范、既广泛参与又能统一意志的协商局面。社区的治理主体与社区公共事务的利益相关者都要成为社区协商的参与主体，这些主体可以包括基层政府及其派出机构、村民委员会、村民小组、驻村单位、社区社会组织、企事业单位负责人、村民等利益相关方。各类参与协商的主体本质上并不存在行政级别上的隶属关系，既不是领导与被领导的关系，也不是管理与被管理的关系，而是一定意义上的平等关系，是各个参与协商的主体因为公共利益的博弈而聚拢到一起商讨公共事务的决策方案的过程。必须不断激发社会组织、农村集体经济组织、农民专业合作社、驻村企业等社会力量，发挥高校社区治理领域专家教授、社区工作者、社会工作者、社会组织的专业力量参与协商，凝聚推动农村社区治理与社区协商的强大合力。

具体而言包括三个方面：一是培育村民公民意识。由于部分社区居民缺乏良好的公民精神，对社区公共事务漠不关心，缺乏社区协商的参与热情，因此，需要社区基层党组织、自治组织、社会组织采取一定行动，借助相应的政策宣传、网络宣传，通过分发宣传手册、举行社区宣讲、开展主题培训等方式，不断提升社区居民的公民意识和参与社区协商的积极性。二是加大社区协商宣传力度，强化协商监督。社区协商要坚持眼睛向下，脚步向下，尊重基层群众实践，解决群众生产生活中面临的突出问题，通过各种合法有效的宣传方式，积极推行社区协商运行公开化、合法化和规范化，让基层群众都能充分行使自己的提议权、决定权和监督权，提升协商的有效性。三是优化参与社区协商主体结构，提高社区协商程序的公正性。由于社区公共事务的利益相关者理论上都应成为协商参与主

体，但并不是所有的利益相关者都有机会参与社区协商，因此我国大部分社区主要通过自愿报名参与、群众或组织推荐邀请、随机抽选三种方式，确定能参与社区民主协商活动的代表。这三种主要的社区协商参与者选取方式既可以单独实行，也可以采取组合方式确定参与者。为提高农村社区协商的公正性与机会均等性，可以采用多种选取方式相结合，避免参与者的同质性及观点的片面性，以保证获得全面真实的协商观点和意见。

（四）巩固协商平台，健全社区协商的组织结构

民主制度最为合格的操作者就是具有公共精神的现代公民。为了将社区内的居民群体培养成现代公民，可以借助社区营造，帮助社区居民培养社区意识、社会交往能力、组织能力和社会责任感，综合提升社区居民的公共精神，积极引导社区居民自主参与社区协商。社区营造就是依托社区内部居民自发组织形成的小团体，通过政府引导、民间自发、非政府组织（NGO）帮扶，促使社区自组织、自治理、自发展，解决社区的诸多问题。社区营造的主要目标是帮助社区居民满足社区发展的需要，培养社区成员的参与感与使命感，自己解决社区问题。社区营造更深层次的目标是挖掘社区居民的自我价值，增加居民信心和社区自组织的权利，改善社区公共环境，并促成居民自我价值的实现，形成社区自治（不同于村民自治）。社区治理主体可以借助社区营造间接提升社区居民参与社区协商的能力，组建社区协商载体，引导协商主体向组织化发展。

巩固协商平台，健全社区协商的组织结构主要可从三个方面着手：一是社区自组织的结构基础是由社区居民自发组成的居民小团体和社群组织，自组织中的每一个成员都是地位和权利平等的社区居民，这种地位和权利的平等性为社区协商中面对面平等协商提供了前提条件。二是社区自组织为不同群体的利益诉求和利益表达提供了汇聚的载体，内部成员之间交流合作、达成共识的过程有助于提炼出社区群众最为关心的协商议题，不仅帮助社区居民培养合作精神和结社习惯，还能择优选取社区协商亟待商讨解决的公共事务。三是社区自组织的形成必然要经历数次的合作，将社区居民的个人需求合理聚拢为公共利益。社区居民在自组织中不断通过公共利益的实现来满足个人利益的需要，通过长期的自组织"浸染"和"融合"，社区居民就会在潜移默化中产生公民精神，从传统的社区居民转化为具有社会责任感的现代公民。当面临公共事务和公共决策时，自组织成员都具有更强的参与动机和欲望，而面临利益纠纷时，能站在更高的立场上思考问题，不再只是考虑个人的利益得失。

（五）加大保障力度，完善科学有效的协商机制

社区协商是社区公共领域活动的重要组成部分。针对实践中存在的形式与内容不匹

配、程序与结果不平衡等问题，应当进一步完善社区协商的运行机制，加大协商的保障工作，让运行机制、制度规范为社区协商的全过程保驾护航。为避免一些社区在协商过程中出现"重结果，轻程序"或"重程序，轻结果"的现象，应当引导城乡社区形成科学化的协商运行机制，在协商程序、协商监督、决策实施和事后反馈等多个步骤上制定具有权威性、约束性的制度规范，加强社区协商的保障工作。协商的一般程序是：村党基层组织、村民委员会在充分征求意见的基础上研究提出协商议题，确定参与协商的各类主体；通过多种方式，向参与协商的各类主体提前通报协商内容和相关信息；组织开展协商，确保各类主体充分发表意见、建议，形成协商意见；组织实施协商成果，向协商主体、利益相关方和居民反馈落实情况等。为避免协商程序与协商结果之间的失衡，一方面要强调协商程序的重要性；另一方面也要重视最终协商结果的合理性，无论是哪个方面，都要紧紧把握基层人民群众的公共利益。

具体而言，完善科学有效的协商机制须做到以下方面：一是要建立健全协商工作机制，结合当地实际情况研究制定具体指导意见。省内地方各级党委和政府要把农村社区协商工作纳入重要议事日程，为基层政府、社会团体、公民个体等不同层次的协商主体，提供全面而丰富的协商主题培训，让参与主体了解基层协商具有严谨的程序要求，不同的协商模式具备不同的程序设计、适应不同的社区类型，每一个协商环节都具有其特定的功能，不能随意更改和删减。二是应把基层协商民主的重要环节和主要程序上升为法律制度予以规范和保证，进一步完善基层群众自治的法律法规，针对农村社区协商的发展制定相应的制度规范，为农村社区协商实践提供法律支撑。三是要加强对农村社区协商工作的支持。省内基层政府要关注各地农村社区协商活动的开展情况，设置相应的奖惩制度、活动比赛并给予经费支持，大力调动各个农村社区参与主体的协商积极性，借助村级组织、社会组织、公益组织等的运转经费及其他现有渠道，为农村社区居民开展协商活动提供必要条件和资金保障。

（六）强化结果执行，增强社区协商的实践成效

经过社区协商流程后，往往会出现两种情况：一种情况是各个协商主体没有达成最终共识。对协商无法解决或存在较大争议的问题或事项，目前的解决方式是将其提交至村民会议或村民代表会议决定，采取投票表决的方式，按少数服从多数的原则决定并宣布最终结果。对跨村协商中无法达成协议的问题，由乡镇政府、党工委研究决定。对协商过程中持不同意见甚至反对意见的群众，协商组织者要及时做好解释说明工作。另一种情况是各个协商主体达成共识之后，协商结果进入被采纳、落实、监督和反馈阶段。符合法律制度

规范的协商成果，由村具体落实，村党基层组织、村民委员会应当及时组织实施，落实情况要在规定期限内通过村务公开栏、社区刊物、村网络论坛等渠道公开，接受群众监督。受政府或有关部门委托的协商事项、协商结果要及时向基层政府或有关部门报告，基层政府和有关部门要认真研究吸纳，并以适当方式反馈。

在协商过程中应注重以下细节：一是借助行政力量保证农村社区协商活动的开展落实。省内各级民政部门要形成纵向的联合力量，切实履行指导农村社区协商的工作职责，带头推进社区协商的自觉性和主动性，保证农村社区协商能常态化进行，提高指导农村社区开展协商的能力。其他相关部门也应该积极参与协同，共同做好社区协商的工作指导和督促落实，保障基层群众真正享有实实在在的民主权利。二是注重农村社区协商成果的运用和反馈。社区协商所获得的决策结果不一定具有普适性，协商结果贯彻实施以后，依然要将维护好、保障好村民的根本利益作为社区协商的出发点和落脚点，广泛听取相关利益主体的意见、建议，为社区下一次协商提供民主性和科学性的参考意见。三是建立农村社区协商的督查和考核机制。要通过深化村务公开、健全监督机制等方式，充分发挥社区内部的相关利益主体在公共事务中的监督作用。各级党委领导及相关工作者要根据年度工作重点、区域工作重点，跟踪对比往年协商活动绩效，通过下基层调研的方式获得基层群众真实意见及相关数据，据此科学制订协商年度计划，统筹安排农村社区协商活动。

第六章

现代农村社会治理的新路径——乡规民约

第一节 农村社会治理中乡规民约的复兴契机

一、农村社会治理的理论基础

（一）公共治理理论

公共治理是多元治理主体之间的平等对话、共同合作，是在多元化、多样性上实现共同利益。探讨公共治理理论①应当先将其与私人治理作区分，公共治理最终目的是要实现公共利益，包括公共产品、服务与资源的提供等，背后的主体一般是非营利性公共机构；私人治理的主要目的是获取私人的利益，例如，私企内部的治理以及企业之间为了实现共同利益的合作协商等。两者在治理的主体、资源、目的以及治理机制等方面都不相同。

公共治理的内涵包括：首先，公共治理弱化了二元区别法。公共主体和私人主体并非完全对立的群体，它们在具体的治理活动中互相协作，共商对策，并形成合作型、互助型的伙伴关系。公共治理将不同机构、主体的地位和层级的界限擦除，政府等官方组织不能过多地介入能由民众自己处理的问题，可以使这个大体系下的成员能高效、高质地达到"善治"的目标。其次，公共治理必须遵循规范的约束。治理的依据包括正式制度以及大量的非正式制度，上至法律、法规、规章，下至各种规范性文件、乡规民约以及官方组织与民众达成的各种协议。再次，公共治理的体系内部呈现网状体系。公共治理体系不再是以往的垂直和平行的体系，各个主体或组织之间是紧密交织的，网格之间呈现出互动联系

---

①公共治理理论就是关于不要求政府整天疲于应付，而希望政府有自知之明，做自己应做和能做的事；不强求自上而下、等级分明的社会秩序，而重视网络社会各种组织之间的平等对话的系统合作关系的一系列理论。纵观公共治理理论不同的学术观点，质疑论者主要关注的是中国社会缺乏实现公共治理的几大必备条件，包括完善的市场经济体制、成熟的多元管理主体以及民主法治等；相反，主张论者认为公共治理理念、方法的引入，在一定程度上能解决上述问题，在运作过程中带来积极作用，其意义更多地来源于过程中的促进作用。

的特点，并且能及时调整共同应对外部情况的转变。最后，公共治理的多元主义特点。这里的多元一指主体，二指权力，虽名为"公共"治理，但并不是指只能由掌握公共权力的主体来行使，而是包含公权力组织、私人组织、个人在内的广泛参与的治理模式，主体的多元势必引起权力的分散，所以也呈现出多权力中心的特点，这种治理模式能消解专权带来的种种缺陷或弊端，提升社会治理水平。农村社会治理理论是在公共治理理论的基础上，结合我国农村的现状与实践经验，总结出来的有针对性的理论。农村社会治理理论为我国社会治理方式的转变提供了理论支持，并为实践发展指明了方向。

（二）基层民主理论

鉴于农村社会治理的过程也是基层民主实践的过程，基层民主的有效推进也是农村社会实现善治的重要基础。因此，很多学者从基层治理民主理论的角度切入来研究农村社会治理。要建设基层民主，应当着重培养基层民众参与村政、村务的意识、水平和能力，使民众从内心深处将民主作为信仰。

村民自治是国家政权与基层社会联系、沟通与互动的纽带，既包含着国家的意志又渗透着人民的意愿。简政放权思想的逐渐深化，使很多原先由政府管理或服务的领域逐渐下放到农村基层，这就使村委会或基层组织的作用得到强化，真正能体现"民主""自治"的内涵，将民主真正落实到每位村民的身上，使农村社会能与国家达到互动与合作的良好状态。经济社会的不断进步发展势必带来文化意识的转变，我国农村村民的权利意识也在不断地进步，参与村民自治是他们的意愿所在。民主作为农村社会治理的内在脊梁，支撑着社会治理的运行。缺失了民主的治理就像一个没有思维的植物人。要将农村的民主建设作为重中之重，通过提升村民的参政意识来激发他们参与村政的热情与创造性，重视农村民主自治的发展与培养。发挥乡规民约在农村社会治理中的作用，正是村民自治的表现之一。

（三）社会资本理论

社会资本理论是社会学、政治学中的理论。社会资本是一种无形的社会资源，是社会主体因其之间的关系网络而形成的资源。社会资本主要由互惠规范、公民参与网络和信任这些部分组成。首先，互惠规范往往由一些高尚的品德形成，包括守信、利他、互助等，它们有利于个体利益的满足，并且能促进社会共同体的成长；其次，信任是指在社会中的公民因为互相信赖以及自律所形成的社会信任系统，信任程度更高的地区经济往来程度更高，社会合作交往也会更加频繁；最后，横向性的公民参与网络能将这网络中的成员平等地联系在一起，促进它们的合作与交流。与此同时，社会资本网络涵盖了政府、民间组织、社会团体等正式与非正式网络，这些网格内的主体互相联系、互相博弈，能促使社会资本的不断发展与完善。

优化农村社会治理是培育和重建社会资本的必由之路。通过社会资本中的信任去加强公众对政府的信赖，以及对社会系统内部的信任。互惠规范能逐步增强民众的规则意识、秩序意识。在村集体中，互惠规范能促使利己者进行改变，将其转变为具有集体利益观的公民。要提高目前农村社会的治理水平，就得利用较小规模的社群，并用有约束力的规范来对成员的行为进行限制。公民参与网络能促进协调与沟通，个体之间以共同的利益为目的主动寻求相互间的协作。以此构建成的声望体系能为农村社会治理提供强大的激励机制。例如，某一村民因怕做坏事受到其他村民的谴责而不去做；某一村民想保持住村民们对他工作能力的肯定与支持而更加认真负责地做好自身工作等。

我国农村社会的组织力、自主性还不够成熟，也未形成完备的村民参与结构。农村社会治理的有效性必须形成一个自发自觉的公民参与网络，激励并促使村民之间的合作，致力于集体的利益与发展。

（四）乡村治理理论

乡村治理理论是治理理论与我国乡村社会治理实践的一种结合。乡村治理理论的内涵应该包括四个相互联系的基本方面：其一，治理的过程要体现自主化；其二，以公共利益最大化为首要目标；其三，治理权力的多向性；其四，乡村治理主体的多元化。乡村治理是乡村治理理论在乡村社会实践中的具体运用，是乡村社会中各个利益主体为乡村社会发展而共同参与、协商、互动的一个持续性过程。

1. 自主化治理过程

乡村社会充斥着各种复杂关系，存在各种社会问题，其中有些问题需要国家和政府的统筹安排解决，例如，教育、养老、医疗等工程的建立和完善；有些问题则细小琐碎，需要村民们发挥自己的能动性去克服和解决。国家和政府主要进行宏观上的调控，农村社会发展中出现的问题并非都需要依赖国家和政府来解决，村民自治范畴内的问题则由村民自己处理解决。因而，乡村治理理论的提出就可以调动民间组织、村民等各方力量，使其自主参与决策来实现乡村社会治理，以达到乡村社会和谐有序的状态。当然，村民以及各种民间组织要在法律法规的基本框架下行使自治的权利，接受政府等国家机关的指导；另外，各类主体也要发挥自主能动的力量，积极做好治理工作。可以这样理解，乡村治理理论要求各类主体在宏观层面要接受国家法规政策指导，在微观层面上应该培养各类自治组织和民众实施自我管理的能力。从现实的角度考量，我国农村社会完全可以在遵守法规政策的基础上结合自身情况做出合适的制度设计，很多乡村民间组织都具备成为自主组织的基础条件，国家可以进行一些引导和规范，为自主组织的发展提供条件。自主化的治理使涉及乡村治理主体切身利益的意见得以表达，这样可以依据多数人的意见去解决乡村公共问题，以此实现自我管理、自我服务。

2. 以公共利益最大化为目标

对公共利益的界定，乡村治理理论也从新的视角进行解读。一种传统的观点认为，社会组织或个人的行为代表的是私人利益，只有政府部门的行为代表的才是公共利益，前者追求的目标是私人利益的最大化，只有后者所追求的目标才是公共利益的最大化。乡村治理理论推翻了这种观点，认为政府部门与社会组织或个人所追求的目标是可以达成一致的，通过多方主体的合作同样可以实现公共利益最大化的目标。乡村治理以服务公共利益为目的，符合公共利益的行动就应当归入乡村治理的范畴，违反或损害乡村社会公共利益的行为就应当被排除乡村社会治理范畴。当然，公共利益最大化的目标并不排斥或绝对排除私人组织或个体追求私人利益，甚至可以说乡村治理理论仍然关注个体对私人利益的追求。公共利益与私人利益是相辅相成的，两者不能被割裂看待，公共利益最终的落脚点就是私人利益的满足，因此，追求公共利益的最大化也就是在增进乡村私人的利益。

3. 治理权力的多向性特征

传统上，人们习惯于一种由政府主导的自上而下的单向性管理模式，政府掌控唯一的公共权力被视为理所当然。随着社会的不断发展，这种单向性的权力运行模式已经严重阻碍了农村民主化和法治化的进程。因此，人们探索出了新的路径，即乡村治理理论。乡村治理包含着国家公权力与乡村社会公共权力共同依赖、作用、互相联动、协调及运作等。这种权力上下互动，具有多向性的特点，能有效带动乡村中的官民互动，发挥多元主体的治理能力以及积极性，体现自我治理、自我服务的特点。其实，在广大农村地区，社会公共权力是大量存在的，其丰富程度是远远高于国家公权力的，包括各种民间自治组织、非正式组织，甚至是作为个体的村民都能行使乡村治理这一公共权力。乡村治理权力的多向性实际上承认了乡村社会的私权力在乡村治理中发挥着公权力所不能比拟的作用。同时，国家公权力与乡村公共权力是相互依存的关系。一方面，乡村公共权力需要国家权力的授权，以及一定程度的支持与扶助，使其存在合法性、治理效率更高；另一方面，因为资源的有限性以及地区的差异性，国家权力不可能深入基层社会的方方面面，这就需要社会公共权力的协助，所以权力的多向性是势必产生的结果。

4. 乡村治理主体的多元化

乡村治理主体多元化是乡村治理理论的核心所在。传统的一元主导的治理模式强调政府自上而下单一的管控，随着我国民主化不断进步、政府部门的简政放权、基层群众自治的不断发展，各个主体之间联动治理已是大势所趋。农村社会治理不仅有权威主体发挥作用，同时也离不开非权威主体的村民，他们是农村基层社会治理最可依赖并更需要调动积极主动性的治理主体。农村社会治理必须走多元共治的道路，治理的关键在于协调处理好多元治理主体在基层社会治理中的关系，以充分发挥不同治理主体的积极作用。

二、农村社会治理创新的提出

（一）农村社会治理创新的现实意义

农村社会管理的基本任务是协调农村社会关系、规范农村社会行为、化解农村社会矛盾、促进农村社会公正、应对农村社会风险、保持农村社会稳定。随着经济社会发展的加速转型，农村社会管理不断接受新的挑战，农村管理制度的创新势在必行。

1. 农村社会治理创新是社会治理体系与治理能力现代化的重点

"三农"问题不仅关系着农民增收、农业发展和农村稳定，也直接影响着整个国家的发展，因而，农村社会治理至关重要。要推进国家治理体系和治理能力现代化，实现乡村振兴，必须强化乡村治理体系和治理能力。农村社会治理是社会治理体系和治理能力现代化的必然内容，农村基层社会治理现代化是乡村振兴的基础，创新农村社会治理是其重点。农村社会治理，尤其是农村基层社会的治理，必须重视和增强农民的参与度和决策度，这直接影响农村社会治理的水平，是农村社会治理创新中亟待解决的重中之重。

2. 农村社会治理创新是社会转型的必然要求

实行改革开放后，农村社会传统的政社合一管理制度逐渐被社会所摒弃。一方面，经济发展的潮流已经席卷了中国的各个角落，经济飞速发展的冲击促使农民的价值观、利益观、世界观产生变化，思想也得到巨大解放。与此同时，乡土社会中历史悠久的伦理观念、道德价值、民俗风情、亲缘关系等还发挥着很大作用，随着现代思潮的渗透，法治思想也慢慢为农民所接受，农民的法律意识得到提升，但还远远未达到普遍树立现代法治理念的程度，农村社会中传统乡治方式与法治齐头并进，互相作用。另一方面，一些基层政府在财政扶持的引导下，极力促进当地的城镇化进程，这一过程中有可能影响某些农民的权益，如果问题得不到有效处理，长此以往，就会导致农村社会矛盾利益的尖锐化，对农村自治的稳定有序开展造成威胁。另外，新型农村建设中涌现出了很多具有潜力的主体，如"中坚农民"、各种经济组织等，如何让这些主体在农村社会治理中最大限度地发挥作用，也需要从制度的转型上下功夫，因而农村社会治理创新意义重大。

3. 农村社会治理创新是解决"三农"问题的重要举措

农业是我国的基础产业，农村地区的面积占全国面积的总比重大于城市，而农民又是我国最广大的一个群体，"三农"问题刻不容缓，是必须摆到首要位置来解决的问题。国家也为解决这一问题进行了探索，每年的中央一号文件对农村社会的基层建设、合作医疗、养老保险、农民收入等问题进行细致规定。尽管探索了很多，但"三农"问题不是一个在较短的时间内可以解决好的问题。近些年，虽然农村外出流动人员返乡的不在少数，但依旧有很多青壮年外出谋生，家中只剩下儿童、老人。伴随出现的一系列留守儿童受教育问题、农村老人养老问题、医疗保障问题等，使我们不得不反思，到底采取何种方式才能使农民"幼有所依、老有所养"。这些问题仅依靠个人力量是难以解决的，必须通过社会各方的协同共治。共治模式下，发挥政府部门在政策上的宏观把控作用，民间组织和村民共同出力，采取多元主体共治的方式，才能真正实现农村社会治理创新，解决好农业、农村、农民的实际问题。

（二）从农村社会管理到农村社会治理

近年来国家提出要建立新型城镇化的战略目标，使农村社会的文化、政治、经济等都有很大变化，成为一个更具复杂性、多元性、动态性的基层社会，原有的略显死板的管理模式已无法适应农民日益增长的对民主与自治的需求，他们更加注重对农村公共事务的亲身参与和管理，追求多元主体共同参与农村社会治理的局面。

学者们对社会治理理论的研究热潮推动了社会治理理论的快速发展。将治理理论应用于农村社会建设，构建和完善农村社会治理理论，并以此推动我国农村社会发展成为学者们在国家治理、社会治理中关注的焦点。农村社会治理是以基层政府、党组织、村民自治组织、社会组织以及村民个体等为治理主体，以农村社会为治理对象，通过多种手段，在法律的框架内对农村事务进行管理，从而保障农民利益，推动农村社会的稳定持续发展。农村社会管理中，管理者因素占更多比重，而农村社会治理中，制度占更多比重。

从农村社会管理到治理的转化，也渐渐实现了基层政府、村委会对人、事从管理到治理的这一跨越。在农村发展的新形势下，农村新阶层的涌现、乡村格局的复杂性，使单一项度的管理已经无法适应农村社会发展的需求，农村社会出现各种矛盾与漏洞。而整合农村社会中的各方力量，共同参与到与自身利益相关的基层事务治理中去，不仅能节约国家的行政资源，又能激发村民的参政议政热情，实现村民的自治权，村委会、村民与一些基层组织对与自身生活息息相关的事务更能发挥出治理的热情。从农村社会发展和进步的角度来看，农村社会管理向治理的转化是促进乡村发展、民主、稳定、和谐的必然要求，也是实现农村治理现代化的内在要求。

第二节　现代乡规民约的形成机理与运行机制

一、现代乡规民约的形成机理

（一）传统文化与现代乡规民约的形成

"我国是一个具有悠久历史文化传统的国家，五千年的历史长河为中华文明汇聚了磅礴之力，从夏商周到元明清，青铜瓷器、诗歌戏曲无不彰显着中国传统文化的璀璨"[1]。其中，从春秋战国时期的诸子百家到汉武帝时期的独尊儒术，逐渐使中国古代社会的统治者对儒家思想倍加推崇，而儒家文化也因此在中国传统文化中处于绝对统治地位。在封建社会中，长期的儒家文化教育，使人们在耳濡目染中逐渐接受儒家思想，并深深地融入这种文化氛围中。中国传统儒家文化一方面展现出极强的"仁"性光辉；另一方面也十分崇尚"礼"，讲究"中庸"之道，"礼之用，和为贵"，以"礼"构建人与人之间的和顺关系。由此，传统乡规民约集中体现和表达了以儒家思想为代表的中国传统文化，以仁、义、礼、智、信影响人们的行为，引导人们向善，使传统乡规民约在中国古代社会的乡村治理中长时间发挥着其独特的作用。

经历了几千年的传承，现代社会中，作为精神支撑的传统文化仍旧对中国社会有着深刻的影响。传统文化的继承是一个"扬弃"的过程，取其精华，去其糟粕，让那些融入血液的优秀传统文化得以继续传承，不仅是群众的需要，也是文化发展连续性的要求。因此，在以法律构建社会良序的当代中国社会，一方面需要强调社会治理法治化，强调社会的理性；另一方面，儒家思想构筑的基本文化道德仍然是人们行为的道德评价标准。其中，基层乡村的社会治理也不例外，既要加强法治化，推动乡村社会的法治宣传，也要积极推动现代乡规民约的发展，使其在法治精神的引领下，以优秀传统文化为"魂"，以现代法治理念为"基"，有效地将法治社会中的现代先进理念与传统社会中的文化精髓合二

---

[1]卞辉. 现代乡规民约与农村基层社会治理创新［M］. 北京：中国民主法制出版社，2020：205.

为一。

此外，一方面随着社会主义法治的推进，人们对法律的信仰有了进一步提升；另一方面由于中国历史上长期处于人治的状态，使社会认可的价值包含大量的人伦情分，人们在日常交往中默契地遵守着人情法则，社会秩序的维护大多都建立在这些人伦情理之上。"理"即我们在社会生活中所说的道理、公理，是人们在社会行为中的规范或准则，是是非对错的衡量标准，其中不仅包括法律等行为规范，也包含着人们遵守的诸多民间行为规则，这就需要我们对两者正确看待、准确定位，将"情"与"理"融入乡规民约，使传统的优秀文化不至于被埋没，能紧跟现代社会发展的节奏和步伐。

（二）政治层面与现代乡规民约的形成

政治就是一种社会治理行为，它把国家作为自己治理的对象，采取多种措施去解决国家发展所遇到的各种问题，巩固和维护统治阶级的利益。政治统治总是建立在经济统治上，同时经济统治又必须为政治统治保驾护航，国家政治本质上是一种为维护在经济上占统治地位阶级利益服务的社会治理行为。无论是古代中国还是现代中国，乡村地区社会秩序的稳定都是我国政权巩固的必要条件，是国家政治运行过程中不容忽视的地方，也是维护国家稳定的关键。乡村地区的治理不能只重视部分区域，而是需要从整体上来考虑。千百年来，广大的乡村地区通过乡规民约这种方式实现基层社会的治理，这就使得乡规民约在统治者眼中变得更加重要，而在现代社会中，我国的乡规民约作为基层社会治理规范，也势必要受到来自国家层面的影响。作为社会治理的一项重要组成部分，乡规民约总是要随着时代变迁而不断更新自己的内容，以使其更加符合国家发展的要求，实现维护稳定、巩固统治的最终目标。

中国传统社会经历了数千年的封建专制统治，长久的集权统治对社会产生了较大影响，封建统治阶级为巩固自己的统治地位，往往会采取各种政治、经济、文化措施以实现社会的稳定。这种政治统治的需要为各种学说、思想提供了展示平台，其中儒家思想在这场博弈中取得优势，成为维护封建专制统治的显学。儒家思想兼收并蓄，杂学百家，宣扬"君权神授"，忠君思想，使社会意识形态逐渐实现了统一，迎合了封建国家的政治需求。儒家思想对乡规民约的制定与执行产生了极大的影响，引人向善，兴利除害，居官举职，忠于王事，将乡村稳定与国家统治相结合，维护中国古代乡村社会秩序的稳定。

随着我国的社会主义基本制度建立，国家需要一种方式去宣传、落实国家的各项方针政策，以维护国家与人民的利益。面对居住在农村的庞大村民群体，国家更加需要一种合理的处置措施，这就使乡规民约在现代乡村社会中仍然存在其独特的治理价值。改革开放以来，乡规民约所具有的特殊化解社会矛盾的作用引起了国家重视，虽然传统乡规民约所维护的封建专制主义已消失，但现代乡规民约仍然作为一种维系社会稳定的基本道德规范而存在。现代乡规民约所涉及的文化需求、经济目标、发展方向等内容都与国家相关发展要求相同，为村民理解国家的各项政策提供了便利，使国家的各项政策能在基层得到顺利执行。国家需要乡规民约在保持稳定性的同时也要积极适应时代发展，及时传达党和国家的各项政策，发挥乡民治理乡村的积极性，推动乡村依法治理。

此外，国家对乡规民约的发展具有引导和监督作用。国家从宏观层面合理指导村民制定与本村实际情况相符的乡规民约，从而进一步推动新农村建设。同时，国家对乡规民约建设优秀的村庄进行宣传，以引导其他村庄的乡规民约建设，使现代乡规民约的内容、思想、发展等都紧密地和国家发展相联系，团结每一股社会发展的力量。

（三）经济方面与现代乡规民约的形成

在数千年的封建社会中，中国的经济模式一直是以家庭为劳作单位的小农经济模式。小农经济最主要的作用就是满足家庭生活需要以及缴纳赋税。小农经济模式下，农民的生产自主性得到一定释放，生产积极性也在一定程度上提高。但小农经济也有其不足，主要表现为生产资料分散，生产规模较小，难以储存较多的粮食，具有不稳定性。加上古时道路崎岖，交通条件极其不便，限制了商业活动范围，且当时的社会多采用"重农抑商"政策，商人地位得不到保障，这就使商业活动对小农经济的救助作用较小，不能弥补小农经济抗风险性不足的缺点。

此外，小农经济的生产方式不仅在一定程度上禁锢了农民的思想，也导致他们在抵御风险上处于弱势地位。因此，为维护好这种脆弱的圈子，人们需要一种圈子内成员普遍遵守的规则，这个规则要能为成员们认可和信服，自然地，传统文化中包含道德、习俗、律法等诸多规范的"礼"逐步成为维护社会秩序的规则，从而使"礼"这种规范在整个封建社会起到重要的作用。"礼"正是通过各式各样的风俗、习惯、规约，将人们的要求表现出来，树立成传统小农经济社会不可违背的生活规则，约束着人们的生活行为，达到治理乡村社会的目的。

随着社会的发展，小农经济模式越来越不适应社会发展的需要，逐渐被商品经济所取代，迫使我国经济模式不得不作出改变，利用市场调节对资源进行合理分配。市场经济体制下的各行各业的竞争者使出浑身解数争抢商品销售所带来的利润，但无序的竞争环境却不利于商品经济的发展，需要建立规则去约束市场经济的参与者。社会主体呈现出的多元化发展特征，使社会的价值判断产生差别。因此对不同的社会主体，就需要采用不同的社会治理模式。从经济层面来看，市场经济下的城市和家庭联产承包制下的农村也需要适用不同的治理模式。在农村基层社会自治中，村民根据发展需要，结合本村实际，考虑到广大村民的利益，制定符合时代要求的村规民约，规范村民的行为，促使传统民间规则顺应市场经济的发展，主动吸纳先进的思想，以更好地维护现代乡村的社会秩序。

（四）社会环境与现代乡规民约的形成

传统乡规民约往往是在族老乡绅的主导下制定的，其他村民很少参与制定乡规民约的过程，只需遵守已成文的规约即可。在现代社会环境下，随着人们权利意识的觉醒，普通乡民更有意愿行使自己的权利，以维护自身利益，因而村民们逐渐意识到参与制定乡规民约的重要性，现代乡规民约因而也更能反映基层民众的利益需求。在普遍实行村民自治环境下的现代农村，普通村民可以通过各种途径参与村庄建设和发展，村民积极参与自我管理、自我服务，村民权益更能得到切实保障。在社会主义法治建设的背景下，乡规民约作为一种社会治理规范，将其纳入法治建设的轨道，与国家法律有机结合，有利于村民合法权益的切实保障，从而进一步推进农村基层社会的法治化治理。农村社会发展所处时代的大环境和村庄形成的小环境同时影响乡规民约的内容和其制定方式，乡规民约内容中所反映的时代思想、政府政策、法律内涵、生产需求、生活日常等正是社会环境对乡规民约内容的影响。乡规民约采取何种制定方式和程序，是否能反映乡民需求，是否能保障乡民权益，也是大环境和小环境共同影响的结果。另外，乡规民约作为区域化治理的行为规范，村民参与积极性的高低直接决定了基层社会治理的成败。鼓励村民参与乡规民约的制定和修改，农村社会才会逐步形成一个良好的自治氛围。

乡规民约作为约束村民行为的民间社会规范具有一定的稳定性，但这并不意味着乡规民约是一成不变的。社会是在不断变化的，新文化、新思想、新体制等诸多内容也随着时代发展而不断诞生，因此，新的社会风尚对乡规民约也具有一定的引领作用。社会环境影响乡规民约的内容，社会环境的变化也会促使乡规民约内容的变化。一味固守传统的乡规民约只能使其自身止步不前，与时代要求脱节，一个不符合社会前进方向的乡规民约，不仅无法促进乡村社会进一步发展，也不能及时反映村民的利益需求，这样的乡规民约既无法得到村民的认可，也无法发挥民间规则在乡村治理中的作用，因此，当社会环境发生变化时，乡规民约也需要做出相应改变，以反映社会发展，及时体现村民切身利益的变化，只有这样，乡规民约才能有效发挥其在基层社会治理中的独特作用。

（五）法律方面与现代乡规民约的形成

法律是依靠国家强制力保障实施的行为规范，对全体社会成员具有约束力，是国家治理依据的正式规则。乡规民约作为一种民间行为规范，对特定区域范围内的村民具有约束力，是乡村治理中的非正式规则。二者的相同之处在于，法律和乡规民约都追求社会秩序的稳定，促进社会发展；二者的不同之处在于，法律是依靠国家强制力保障实施的，而乡规民约是村民自治的体现，属于"软性"约束。社会治理中需要法律与乡规民约共同发挥作用，若乡规民约不能与法律协调统一，乡民会无所适从，也会导致乡村社会秩序的混乱，法律和乡规民约也无法有效地在各自领域内发挥作用。

法律应当保障人民利益，符合社会发展的需要。乡规民约作为基层社会治理的规范，不仅肩负着维护乡村秩序的重任，也要引领农村发展的方向。为了使法律和乡规民约能协调统一地发挥各自在社会治理中的作用，一方面需要乡规民约在制定过程中充分考虑国家法律规定的各项社会发展目标，使之有效地融入乡村社会发展中；另一方面，需要法律从宏观层面调控乡村社会秩序，从而保障乡村社会的自治环境。由此，通过法律与乡规民约的共同治理，将国家的未来与乡村的未来相统一，从而合力促进新农村建设不断发展。

此外，法律属于国家制定的规范，效力及于全体社会成员，在执行上具有强制效力，违法者应当承担法律责任；乡规民约作为区域性的民间规则，没有强制效力，违规者承担的责任要视乡规民约的具体规定而言。随着社会主义法治的发展，乡规民约作为法律认可的民间治理规范，其运行受到法律保障，对违规者的处罚措施有了多种形式，这就使乡规民约的违规成本被提高。如果乡规民约施行过程中的保障机制不健全，就无法保证其施行的效果，其约束的范围也会缩小。法律作为乡规民约的强大后盾，不仅是对乡规民约有效施行的保障，也体现国家对乡规民约的支持。推进乡村法治化治理进程，可以保障乡规民约有效推动乡村社会的健康发展。

虽然乡规民约是由村民制定的，体现乡村治理的村民自治性，但乡规民约不能脱离法律制约，应具有合法性。法律保障乡规民约的运行，但如果乡规民约的具体内容与法律相矛盾，则应以法律规定为依据进行修改，否则不能发挥其民间规范的作用。因此，乡规民约在制定的过程中必须受法律约束，符合国家法律的规定、原则和精神，使其不至于脱离法治化轨道。保证乡规民约的合法性，才能从根本上保证其有效性，以促进乡规民约的健康运行，实现其社会治理功能。

二、现代乡规民约的运行机制

在历经千年的发展之后，乡规民约在现代农村社会展现出勃勃生机。现代农村社会治理中，乡规民约作为村民自治的重要手段，自有其运行机制和存在价值，不但有效维护了农村基层社会秩序，同时也推动了农村社会的法治建设。

（一）乡规民约的内在运行机制

乡规民约的内在运行机制是乡规民约在未受到外力作用的情况下，依据其自身所拥有的机理，使其在一定范围内有效地发挥作用并形成基本模式的一种运行机制。内在运行机制一般包含长期形成的普遍价值观、主体内心的尊崇以及自身的惩罚监督机制，往往影响深远。乡规民约的内在运行机制能调动乡民的积极主动性，如果运行良好的话，乡民对乡规民约的认可度将得到提升，依靠其自觉性主动将其言行纳入乡规民约的治理之中。

1. 价值导向机制

现代乡规民约中体现的思想文化包括传统道德文化和当代社会主义核心价值观。我国悠久的传统文化对社会价值观念的形成具有重大影响，尤其是儒家的道德理念。现代乡规民约吸收了优秀儒家文化的精粹部分，如仁、义、礼、智、信等，成为乡规民约的基本价值理念；社会主义核心价值观的内容为乡规民约带来了时代的气息，凸显了现代社会发展的诸多价值追求。现代乡规民约中的这些文化内涵是乡民们普遍认同的，是乡民的共享文化，意味着其中的价值观念被认可并遵从，影响着乡民对事物的认知和评价，并影响着乡民的行为和活动。

乡规民约的价值导向机制就是协调特定区域人的行为，使诸多生活在一起的个人按照统一的标准实施自己的行为，使乡规民约倡导的价值理念得到落实，维护好乡村生活秩序。乡规民约具有价值导向功能是因为乡规民约的制定主体就是乡民自身，相对独立的个体价值观通过上升逐渐汇集成具有普遍理念的村社价值观。乡规民约考虑到了乡民的现实需求，融合了乡村发展的长期规划，使乡规民约中体现的价值观念具有更广泛的群众基础。价值观念、意识形态和文化精神是约束人们思想和引导人们行为的"软性"力量，一种价值观念、意识形态或文化精神一旦形成，就会成为人们的思维定式，决定着人们的行为方向，现代乡规民约正是以这样一种方式发挥其价值导向功能。

2. 内化传承机制

在社会的发展中，拥有悠久历史的乡规民约是乡村社会精神文明的一部分，它自始至终根植于中国传统文化中，为乡村社会秩序的维护发挥作用。那些通过口耳相传或是拓印书写流传下来的乡规民约，在历经千百年的发展与演变后，现仍然存在于广大的乡村中，成为乡民言行的模范准则。其根源在于乡规民约已经作为一种文化融入乡村生活的方方面面，深化为乡民的思维方式与为人处世的行为惯例，融化在乡民的血液中。乡规民约制定的目的就是引人向善，维护村庄和谐有序，通过教化的方式使乡民按照乡规民约的基本规范行事。

现代乡规民约能在农村社会治理中发挥作用,其内在运作机制之一就是通过内化传承,使乡民将乡规民约的内容和精神内化于心,外化于行。乡规民约所体现的精神文化、世界观和价值观念就是乡民们的生活方式,只有从内心接受和认可这种文化价值,这种文化价值才能真正发挥其激励功能。由于乡规民约反映的是一定区域范围内乡民的共同意愿,因而乡民基于对其的认同所产生的行为并非仅仅源于个人目的的追求,更是一种对集体价值文化的追随或追求,这种集体价值文化是集体中每个人在其成长、生活中日复一日地耳濡目染的,是在以血缘或地缘关系为纽带的社会中浸润的,是乡民们内心里认同的。因而,现代乡规民约无论是长辈对晚辈的言传身教,还是每个人在这种文化氛围中的见闻习染,只有对这些文化和精神从内心里接受,才会实质上影响乡民的行为,乡民也才能主动将其作为一种信仰和信念传承下去。

3. 奖惩机制

一份好的乡规民约需要相应的惩罚措施,适当的惩罚措施可以提高乡规民约的威慑力和存在感,如有的村庄的乡规民约直接规定违反乡规民约减少村民待遇等措施,使村民能及时约束自己的行为,对乡规民约产生敬畏感。惩戒可以使乡民的行为符合乡规民约,奖励同样可以引导乡民的行为,有时甚至比惩戒能起到更好的作用,例如,有的乡规民约规定:模范带头遵守村规民约,事迹突出的,经村道德评议委员会评议后,在村委会立榜表扬,优先享受各类惠民政策,优先申报上级各类表彰,优先获得各类帮扶救助。这种奖励措施可以极大地提高乡民的荣誉感,并能起到很好的示范效应,引导乡民在生产生活中积极遵守乡规民约。

另外,随着村庄的开放性不断扩大,乡民的流动性也在不断加强,这些都使乡规民约的约束性逐渐降低,但现代乡规民约在农村基层社会仍然具有强大的生命力,因为村庄的地缘性和血缘性特点仍然没有发生实质性改变,仍然是在有限的地域上由部分熟人组成的生活群落。熟人社会的生存法则要求其成员严格遵守成员们共同约定的行为规则,如果违反该规则将要受到强烈的舆论压力,这是熟人社会中对违反规则者的一种极大的情感惩戒,会让人感到极大的羞耻,甚至在被群体孤立时难以在群体中生存。正是这种情感惩戒约束着乡民的行为,保障着乡规民约的运行,不但发挥了群众参与社会治理的作用,而且推动了现代农村社会依法治理的进程。

(二) 乡规民约的外在运行机制

所谓乡规民约的外在机制,指的是除乡规民约本身效用以外的其他能使乡规民约发挥作用的机制，这是一种不能独立存在并发挥效用的机制，需要借助乡规民约本身发挥出"1+1>2"的作用。

1. 国家力量的推行

现代乡规民约是我国基层乡村治理中重要的民间规范，近年来，国家越来越重视乡规民约在村民自治中的重要作用。自1980年广西河池市合寨村第一次在村民自治中发挥村规民约和封山公约的作用以来，国家开始重新认识乡规民约的社会治理功能，此后，在法律和政策中多次提及乡规民约，以国家的力量自上而下推行乡规民约。

法律方面，《中华人民共和国宪法》第24条规定，在涉及加强精神文明建设时，可以在城乡制定和执行各种守则和公约，这里面显然就包括乡规民约；《中华人民共和国村民委员会组织法》明确规定在乡村可以制定施行村民自治章程、村规民约等形式的乡规民约；《中华人民共和国民法典》规定村民自治章程、村规民约是向村民公布集体财产状况的依据。除了宪法和法律，最高人民法院的司法解释也多次提及乡规民约，主要是用以作为人民调解和法院调解的依据，用以化解矛盾纠纷。

政策方面，中央一号文件、国务院及其部委的工作通知和意见、党的全国代表大会、中央全会、党和国家领导人的讲话等多次提及乡规民约，努力发挥乡规民约在农村社会治理中的积极作用，推动乡规民约在村民自治中发挥其独特的功能，进而健全"三治"的农村基层社会治理机制。

国家的法律和政策对乡规民约地位和作用的肯定及对乡规民约的推行，成为推动乡规民约运行的重要外在动力。

2. 监督机制的助力

乡规民约的运行离不开乡民的监督。乡民对乡规民约的监督主要有两种形式：一为乡民舆论监督；二为村民自治监督。

舆论是一种社会评价，是社会公众对某一事件的观点、意见、态度的表达。舆论监督是通过社会舆论对某一现象进行褒扬或批评，对褒扬的现象予以支持和提倡，而对批评的现象施以压力，促使其改正。舆论监督是一个个单独分散的评价所形成的集合，代表社会多数人的观点，使被评价者感到一种道德压力，促使其从心理和思想上发生转变。乡规民约的约束力主要来自农村社会的舆论监督，社会舆论形成对乡规民约的肯定和支持观念，同时对违反乡规民约的行为进行否定并施以压力。由于乡民生活在一定地域的群体中，一旦受到该群体的舆论否定，则很难在该群体中继续正常生活。这种舆论压力不仅是对违反规约者的惩罚，更是村民真实参与监督的写照，有力地保证了乡规民约的有序运行。

对乡规民约的自治监督主要表现在，为了使乡规民约"既有名又有实"，乡民们成立乡规民约评理会、农民议会、村务公开监督小组、红白事理事会、道德评议会、民主理财小组、禁赌禁毒会等自治监督组织，这些乡民自治组织往往由村中有威信的长者、退休回乡的领导干部、老教师、党员等组成，在乡规民约的基础上行事，以乡规民约为依据，对其执行情况进行监督，涉及村民行为是否合法合规并符合道德伦理价值、村务是否合法并公开、红白事办理是否合规等，都是这些自治监督组织的监督事项。例如，江苏省响水县南河头镇甲村为了推行乡规民约，成立乡规民约宣传组、规约施行指导组、违约责任督查组和月度履约评议组，负责乡规民约的施行，效果立竿见影。这些村民自治组织的监督有效地促进了乡规民约的施行，更进一步促进了基层民主建设与经济发展。

第三节　现代乡规民约的价值取向与功能探索

一、现代乡规民约的价值取向

传统乡规民约崇尚"礼"，以封建伦理束缚乡民，虽然其在一定程度上由乡民自生，但根本目的是维护封建统治，并逐步演变为封建政权控制基层农村社会的工具。而现代乡规民约与国家法律分别在不同的领域，根据各自的规则内容、适用范围、运行方式调节着乡村社会生活。现代乡规民约的权威来源于乡民的内心认可，以社会道德引导和规范乡民的行为，在淳化民风、化解村民之间的纠纷、促进国家政策法令的贯彻落实以及维护农村社会秩序的和谐稳定等方面发挥着重要作用。由于乡民们对乡规民约的内心认同，乡规民约在解决农村社会矛盾纠纷和调整农村社会关系时具有更易接受的优势。

虽然农村内生的现代乡规民约与国家法律之间存在一定的互动关系，即乡规民约可以弥补法律在农村实施的不足，甚至在某些情况下可以转化为国家法律，但是在一定程度上，由于乡规民约具有地域性和根植性特点，国家的权力很难深入基层农村的社会生活中，国家法律规定的某些内容在农村生产生活环境下难以推行和遵守，因此，一些基层农村社会仍然处于自由散漫的状态，某些不符合现代法治理念以及和谐社会要求的传统问题仍固守存在。

乡规民约在农村生产生活中发挥着规范、引导、评价、教育等作用，新时代的农村社会发展需要重新认识和定位乡规民约的价值和功能，继承和发扬传统乡规民约中优秀的文化内涵，进一步健全和完善乡规民约的社会治理功能，使乡规民约助力新时代农村社会建设和法治中国建设。

因此，现代乡规民约并非要复辟传统乡规民约的内容，而是要在继承其优秀内涵的基础上实现传统乡规民约向现代乡规民约的转变。对一项制度进行推陈出新的研究，就需要对其设计的初衷、所要追求的价值目标进行审视和度量，使其更好地、创造性地转化和发展。在农村社会管理创新中发挥现代乡规民约的作用同样也是如此，将社会主义核心价值观融入现代乡规民约中，将新时代新理念融入现代乡规民约中，才能使现代乡规民约与时俱进，更好地助力新时代农村社会发展。

（一）现代乡规民约价值定位须考虑的因素

规范人的行为活动、形成良好的社会秩序是人类社会生活能正常进行的前提和保证。人的活动范围可以分为不同的场所和领域，对不同场所和领域的人的行为有针对性地予以规范可以更好地塑造平等和谐的社会秩序，例如，市民公约、乡规民约、行业规范分别在各自的功能领域发挥作用，促进这些领域的有序发展。中国传统哲学通常把人的活动范围分为"家、国、天下"三个领域，以家为例，家的范围又可以扩大到家庭、家族、村、乡等。这里的每个群体单位的概念都不是无限大的，都是有一定界域的，边界的有限性带来群体的地域性特点，不同地域的群体形成自己的风俗习惯，表现出"百里不同风，千里不同俗"的现象。家庭和家族领域中人的行为和活动受到家风家训、家法族规的规范和约束；乡村则有乡规民约、村民自治章程等民间规约，以及各种风俗习惯，这些都引导着人们的行为，影响着人们的生活。

乡村是由具有血缘或者地缘关系的人共同劳动生活在一起而形成的庞大的社会群落。乡村社会人口密度低，流动人口少，人与人之间的交流接触是直接的、面对面的，人与人之间关系相对密切，街坊邻居相识相知。在这种生活环境下，乡民们的行为活动受风俗习惯、传统道德影响较大，讲人情、讲面子是乡民们办事的法宝，虽然能增进乡亲们的情感，但是也会以此形成规则之外的"捷径"。因此，作为乡村社会生活领域里长期以来形成的行为规则与规范，有些乡规民约在劝禁惩罚内容上会存在"不合理"的情况，也会有"逾越法律"的现象，具有"造法"的意味。因此，对现代乡规民约的价值定位应考虑以下三个因素。

1. 乡规民约与法律的冲突和协调

现代乡规民约是存在于广大乡村社会中的一种具有自治性质的规范，其以一种特殊形式规范和约束人们的行为，因其具体规定更加贴近乡村生活，符合乡村治理的需求，有利于促进基层社会生活秩序的保障，因此，近年来国家越来越重视乡规民约在农村所发挥的治理作用。由此，现代乡规民约在传统乡规民约的基础上有了进一步的发展，并对农村人民的生活产生了一定的影响。乡规民约是一种自治性规范，自治的含义有两个层面：一是乡规民约由村民自己商讨制定，在一定范围内进行自我管理与自我约束；二是乡规民约的自治并非不受限，其所进行自我管理与自我约束的范围和手段不得违反国家法律的规定。但在具体实践中，乡规民约却存在着僭越法律的现象，从而引起了乡规民约与法律之间的冲突。

乡规民约与国家法律之间的冲突主要表现在两个方面：一是乡规民约与法律在手段上的冲突；二是乡规民约与法律在价值上的冲突。首先，乡规民约与法律在手段上的冲突主要体现在：乡规民约本质上是一种"软性"规范，不具有国家强制力，乡规民约中可以有一些惩罚性内容，以保障乡规民约的施行，这些惩罚性内容不得违反国家法律，但在实践中，却有乡规民约通过制定与国家法律相冲突的强制性规定的方式以达到让乡民服从的目的。其次，乡规民约与法律在价值上的冲突主要体现在：有的乡规民约包含与法律理念相悖的价值观，如存在性别不平等的规定。最后，乡规民约与法律在纠纷解决上也存在价值冲突。乡规民约倡导社会和谐发展，因此，农村普遍存在着"息讼"的氛围，合理的诉讼观本身是有利于基层社会秩序的稳定发展的，但当他人侵犯村民合法权益时一味强调"息讼"，追求"私了"，则会对受害人权益保护不利。

乡规民约与国家法律统一于国家现代治理体系中，尽管乡规民约与国家法律在手段与价值上存在冲突，但二者并非不可调和的关系。为了更好地发挥现代乡规民约在农村社会治理中的特殊价值，乡规民约应当与国家法律形成良好的互动关系。一方面，乡规民约要符合法律的原则和精神，不得与法律相冲突；另一方面，乡规民约要积极顺应国家依法治国的理念，与国家法律相互配合，在各自领域发挥作用，从而推进农村社会秩序的稳定发展。

2. 符合社会主义核心价值观的要求

乡规民约是乡民用以治理乡村的规则，是乡土社会共同价值的体现，中国传统道德是乡村礼俗的重要精神内核，是乡规民约的价值支撑。传统乡规民约中的优秀传统文化应当被继承与发扬，但其中存在的不符合社会发展要求的内容在现代乡规民约中应当摒弃。例如，现代乡规民约提倡丧事简办，树立厚养薄葬观念；辽西山村里约定俗成的是邻里盖房、割麦等，乡民们都会来帮衬，互帮互助。社会主义核心价值观为人们的活动提供了道德准则，社会和谐离不开社会主义核心价值观的价值引导。在现代乡规民约的建设中，将社会主义核心价值观以正确合理的方式融入乡规民约中，可以内化乡民的道德思想，引导乡民的行为方式，改变乡村风貌，形成文明乡风，进而促进乡村社会的发展。现代乡规民约符合社会主义核心价值观的要求，不仅可以形成良好的乡村社会道德伦理价值与理念，移风易俗，弘扬新时代新风行动，抵制腐朽落后伦理道德的侵蚀，也能推动乡规民约建设的合理开展，促进乡村社会发展。

3. 在与时俱进中做到创新发展

乡规民约的发展是动态的，要想充分发挥其规范村民行为、净化乡土民风、提高乡民思想文化和价值观念的作用，必须与时俱进。在漫长的历史进程中，乡规民约是中华传统文化的独特资源，早在清朝道光年间，就已经出现完整的"乡规民约"的概念。在继承中华优秀传统文化的基础上，现代乡规民约要在乡村社会转型的背景下，推陈出新，协调适应新时代新的发展状况，古为今用，创造性转化和创新性发展，既要做到传承优秀传统的乡村道德伦理，又能与时俱进，与社会主义市场经济、民主政治、社会治理等协调适应，充分发挥对乡民生产生活的规范作用，维护好乡村社会良好的秩序。例如，提倡乡民树立环保理念、维护乡村公路、以多元化手段解决纠纷矛盾等。在乡村振兴的背景下，乡规民约作为基层社会组织中成员共同制定的社会行为规范，应当跟随时代发展，吸纳新的思想文化，集思广益，拓宽农村社会治理的思路和途径。

现代乡规民约作为乡村社会的行为规则，与乡民生产生活的本质诉求密切相关，同时，在乡规民约的形成过程中，道德、伦理是其核心内容。一项规则能否发挥其应有的作用往往受制于其产生缘由和在实施过程中的影响因素，乡规民约的作用发挥也离不开其内在的价值导向作用，因此，积极探寻乡规民约蕴含的内在道德伦理价值，发挥其优秀道德文化的引领作用，并跟上时代步伐，创新其内容和运作机制，是实现现代乡规民约价值的重要理念。

(二) 乡村振兴战略背景下的现代乡规民约价值趋向

中国最广大最深厚的基础在乡村，乡村的发展直接影响着国家的发展，而我国现代化建设最大的难题却是乡村建设。我国一直重视乡村建设，每年的中央一号文件必然关注农业、农村、农民问题。乡村与城镇共同构成了人们生活的空间，实施乡村振兴战略，可以缩小城乡之间的差距，促进国家整体发展。现代乡规民约作为传统文化的延续和传承，作为一种乡村本土化的社会治理资源，是乡村治理的重要手段。乡规民约在规范乡村社会秩序、稳定乡村政治秩序、引导乡民道德伦理、整治村风村俗、融洽邻里关系、和谐婚姻家庭等生产生活方面发挥着独特的作用。同时，在一定程度上弥补了国家法律在农村社会适用中的不足，与国家法律共同起到行为的规范作用。在乡村振兴战略背景下，现代乡规民约如何才能更好地发挥其社会治理作用，必须对其有准确的价值定位。

1. 以尊重村民意志与诉求为出发点

乡民是乡村社会的价值主体，现代乡规民约的制定要重视民意和诉求，乡规民约中村民意志的体现有利于推动乡村决策的民主化、科学化，可以充分发挥民主监督的作用，有利于维护和谐稳定的社会秩序。因此，在乡村振兴战略背景下，若要使乡规民约更好地发挥其在农村社会治理中的功能，就需要其回归到代表村民意志、实现村民诉求这一原始的出发点和落脚点上，从而代表广大村民的利益、集中反映和体现人民的意愿，为乡村在新时代的发展提供一个安定、和谐的环境。

2. 以服务村民与促进农村和谐为目标

随着社会经济的发展，现代乡规民约相比传统乡规民约有了新的发展。传统乡规民约由于其家族宗族形式、农村精英领导而具有较强的权威性和号召力；而随着现代家族概念的淡化以及农村人口的流失，实践中，现代乡规民约中惩戒、惩罚性规则的威慑力在逐渐下降，本质上，现代乡规民约更具有劝导性和引领性，而不是强制性。由此可以看出，现代乡规民约作为一种自治性规范，除了要约束、规范乡民的行为，更重要的是要服务于乡民。

随着新时期新农村建设的推进，现代乡规民约在其内容和形式上都有了新的发展。在新农村建设中，要想发挥乡规民约的感召力，使其内化于心、外化于行，只有乡规民约真正做到服务于乡村村民，以其内在的道德价值引领村民，约束村民的行为，以村民的利益诉求为己任，致力于建立和谐、安定的新农村，才能更好地发挥其价值和功能，使乡规民约在现代乡村治理中找到自己的定位。

此外，在现代乡规民约的重构中，要加强村民与村民委员会的双向交流互动，以使村民的利益真正在乡规民约中有所体现。若现代乡规民约要实现乡村社会利益的最大化，必须全心全意为村民服务，充分考虑村民的具体情况和多样化的需求，不能简单强硬地要求村民服从，从而实现乡村治理由一味管制的传统治理理念向为村民提供服务的现代治理理念转变。

3. 完善并健全乡村治理的规范体系

在我国乡村地区，人们的行为往往受到国家法律与乡规民约的共同约束，而乡规民约在一定程度上也可以说是国家法律、政策的具体化，是乡村社会人们行为的准则和依据。乡规民约作为一种与村民生活息息相关的自治规范，可以在传统乡村道德伦理的基础上，在国家法律的触角无法抵达的社会关系层面，便捷地调整乡民之间的关系，更加有效地解决农村的纠纷矛盾，相对于法律更具灵活性与方便性。

乡规民约的制定与实施是一个地区自治的体现，是村民进行自我规范与自我约束的手段之一。但在实践中，随着乡规民约在乡村地区的进一步推进，有些地区可能会出现乡规民约与国家法律相对的局面，如长期以本土乡规民约规范、约束村民行为的地方，地方性的行为规范与国家法律之间的互动较少，可能会出现村民只识得地方性行为规范而不懂国家法律的情况。而现代法治国家的建设需要推进乡规民约与国家法律在基层社会中互相协调、共同调控乡村生活及乡民的行为。这就要求乡规民约要与国家法律相辅相成，一方面由国家法律调整并形成大的法治环境和背景；另一方面乡规民约要在注意其形式规范化、内容合法性与合理性的基础上，调整那些法律难以"施展拳脚"的社会关系，从而使二者互相配合，实现调控乡村生活的目的，健全乡村治理的规范体系。

（三）充分发挥现代乡规民约的价值导向作用

要发挥乡规民约的价值导向作用，就需要探寻其内在道德价值。道德的本源性功能在于塑造人性，控制功能只是其外延性、辅助性功能，因此无论是国家法律还是民间规约，其原始动机和最终目的都是形成一种价值体系，并通过这种体系对主体的行为进行评判，进而引导和约束人们的行为，以形成良好的社会秩序。乡规民约作为民间规约的一种，其主要目的是建设新时代农村的道德新风尚，通过道德引领来塑造人性，从而构建和谐社会，形成良好的社会秩序。

在我国的农村中，并不缺乏约定全面、内容翔实的乡规民约，在研究现代乡规民约的具体价值导向时，应以社会主义核心价值观为基础分析现代乡规民约，探寻乡规民约应当如何以优秀道德观念对村民进行思想教化。例如，某村有一部传承了三十多年的村规民约，在此村规民约的规范下，该村形成了淳朴的民风，村中几十年来没有发生过一起刑事或治安事件，也没有一户有不良信用记录等。村民们在乡村社会中感知、培育和弘扬这部村规民约，对这部规约产生了情感认同并由此形成了良好的行为习惯。与此同时，还可以借鉴《道德经》中"无为而治"的思想，通过"无为"而达到"有为"的状态，即乡村规民约以"无为"的状态来进行乡村社会的治理。具体而言，"无为"就是弱化乡规民约对村民的控制作用，而使村民对其"内化于心"，发挥乡规民约的思想引领及导向功能，以非强制性的引导来替代强制性的命令，使乡规民约更加接地气，进而纠正村内不良习俗与风气，形成良好村风民风。

现代乡规民约一方面发挥其教化作用；另一方面为依法治国深入基层社会搭起桥梁。法律是国家意志的体现，实施"送法下乡"不是采取从上到下的"硬治理"，也并不意味着以法来全面替代乡规民约，而是在乡规民约中融入国家法律所要追求的价值，如规范人们的行为、追求公平正义，推动社会秩序的和谐发展等。乡规民约是乡民共同的价值观念，在乡民中有着极高的内心认可度，因此，将国家法律融入乡规民约中，不但可以使乡民在潜移默化下知法、用法、守法，增强法治意识，而且可以让乡村优秀的传统道德伦理作为法律的价值支撑，推动法治社会建设的进一步发展，使乡村治理更加有序。

二、现代乡规民约的社会治理功能

现代乡规民约在农村基层社会治理中发挥着重要的作用，具有以下主要功能：国家法律的补充功能、维护社会秩序功能、化解矛盾纠纷功能以及稳定政治秩序功能。

（一）国家法律的补充功能

国家法律是适用于全国的普遍性行为规范，在农村社会施行时，不可避免地会受到农村地区道德、风俗、传统的影响。乡规民约是一个地区长期以来所形成的规则，因其长期在乡村地区运行，所以许多规则内容已经成为乡民的日常行为习惯。从这一层面上来说，乡规民约不仅是乡民集体约定的既成规矩，更是当地历史传统、乡民生活习惯的反映，是乡民在乡土社会中自我教化、文化自觉的集中体现。因此，在乡规民约不违法时，可以通过乡规民约来构建农村基层社会秩序、解决乡村矛盾纠纷，从而降低农村法律制度建设和运行的成本，推进农村法治进程。

在乡村社会生活的长期实践中，乡规民约成为一种乡民自发遵守与自觉履行的行为准则，是一种引导乡民行为的"道德"力量。以乡规民约来协调、引导、评价、调整乡民的行为，可以弥补现代法律在制度运行中出现的滞后、不完备等不足之处。因此，在法律难以涉及的道德领域，乡规民约可以发挥其特有的影响力，进而对法律的运行起到辅助性的作用。此外，较之法律稳定性造成的修改的滞后性与复杂性，乡规民约的修改相对而言较为简易，当实践过程中出现新的情况与问题时，乡规民约便可以发挥其自身的优势，对此类行为作出先一步的规制，在这一层面上，乡规民约也在一定程度上弥补了现行法律的不足之处。

（二）维护社会秩序功能

基于乡民合意而成的现代乡规民约，是对中华优秀传统文化的传承，是历史与现代相结合的产物，符合当地的风土人情和风俗习惯，为当地的乡民所共同约定并遵守，为来自不同阶层的乡民提供了共同交流与对话的平台。虽然随着社会和经济的发展，农村社会结构发生变化，社会分层更为复杂，但无论是来自哪个阶层的乡民，出于对共同约定的心理认同感，现代乡规民约都成为其共同的行为准则，一定程度上消除了由于经济社会发展带来的不同阶层之间的隔阂和矛盾。

同时，虽然现代化进程使乡民之间的相互依赖性以及乡村社会中的一些宗族传统理念逐渐削弱，但乡规民约又将乡民们凝聚在一起，调整一定范围内乡民的社会关系。现代乡规民约不但继承传统，更反映现代乡村的需求，满足乡民对生产生活秩序维护的需要。相比于法律而言，乡规民约更具有灵活性和适用性，因而，乡村社会中的某些特定领域的问题，在国家法律介入之前，乡规民约往往能先一步预见并提供合理、实用的解决方式。从这个角度而言，现代乡规民约对农村社会秩序的调整发挥着不可替代的作用。

（三）化解矛盾纠纷功能

在农村社会，法院对当事人之间的纠纷作出判决并不一定意味着矛盾的化解。从司法层面来看，纠纷解决了，但从现实生活出发，也许还存在更深层次的矛盾。可以说，法律在乡村社会中的作用是有限的。而乡规民约是对符合乡村社会道德伦理的价值与理念的确认，在某些情况下，依据乡规民约解决矛盾纠纷更易为乡民接受，并有利于其社会关系的恢复。

在农村，"息事宁人"具有其特殊存在的必要性以及意义，但这并不意味着在矛盾纠纷发生时，当事人就只能采取息讼、灭讼的态度去化解矛盾纠纷，而是指乡民更愿意通过公力救济途径之外的、较为温和的、对双方关系恢复更有益处的方式来解决矛盾，从而化干戈为玉帛。乡规民约在维护农村社会秩序时，一方面是对善行、德行的奖励和颂扬；另一方面是对恶行、损人利己行为的惩戒。这些手段最主要的目的是改善乡村社会风气、解决乡民之间的矛盾纠纷并促使双方当事人之间形成和谐关系，从而促进农村社会秩序的维护。符合法律规定和政策导向的乡规民约具有独特的矛盾纠纷化解功能，在新时期农村社会矛盾纠纷化解中发挥着独特的作用。

（四）稳定政治秩序功能

在历史上，历代乡规民约的制定往往是农村精英牵头，整合村民意愿，而农村精英有的是与官方公权力有关的阶层，有的是由知识分子、富农等阶层演变而来的。这些农村精英阶层或多或少有一些政治权力色彩的参与，从而使乡民在一定的授意下制定"政治正确"的乡规民约。从这一层面上看，乡规民约的制定与实施就有了为当时政权、政治所服务的色彩。

随着现代化进程的加快，社会主义新时期的乡规民约就有了解放农民天性、推动农村社会秩序和谐稳定以及社会发展的作用。现代乡规民约是在与国家政策和法律不冲突的前提下制定的，其中的村规民约、村民自治章程都须依法制定，并相辅相成，共同促进乡村文明建设。总体而言，国家政治秩序的稳定离不开基层社会秩序的良好治理，而乡规民约对基层社会秩序有着正向引导作用，有利于解决乡民生产生活中的实际困难和问题，能及时有效地化解矛盾纠纷，从而在社会和经济层面为农村政治秩序的稳定发展提供良好的基础。现代乡规民约符合我国在新时代下政治体制改革的要求，在一定程度上丰富了基层民主形式、拓宽了民主渠道，有利于稳定基层地区的政治秩序。

第四节　乡规民约在农村基层社会治理中的创新发展

一、促使乡规民约的合法化

（一）乡规民约的内容要合法合理

第一，乡规民约的内容不得与宪法、法律、法规和国家政策相抵触。乡规民约对调整农村社会秩序具有重要作用，对处理农村社会纠纷也具有不可替代的价值。农村社会注重情理，因此发生纠纷后，村民在追求处理结果的公正性的同时，也注重处理方法的适用，处理方法在农村社会的适应性直接影响着村民对处理结果的接受程度。以乡规民约为依据的民间纠纷解决方式注重维护村民关系的稳定，维持农村社会长久和谐的社会秩序。虽然在农村，有时乡规民约比法律更适于解决民间纠纷，但是乡规民约的内容必须合法。乡规民约是民间法的重要组成部分，作为长久以来处理农村社会问题的重要依据，其具有传统儒家文化中的优秀思想，但同时也要看到，乡规民约的有些内容带有传统陋习，其中甚至与国家法律相冲突，这些都应当依法予以修订。同时，应当加强普法教育，培养村民法治意识，根据国家法律将乡规民约中不合法的内容剔除掉。乡规民约虽然不是国家法律，不具备国家法律强制性的约束力，但是乡规民约对乡民具有道德教化作用，在农村社会治理中扮演着重要角色，应当符合宪法和法律的规定。

第二，乡规民约不得侵犯乡民合法权利。乡规民约中不应有侵犯乡民人身权利、民主权利、财产权利等合法权利的内容，对乡规民约中涉及的侵犯乡民合法权利的内容应当予以纠正。

第三，乡规民约的内容应契合乡民生产生活需要。乡规民约的内容主要涉及乡村秩序构建、乡民权利保障、村风民俗、邻里关系、纠纷解决、乡村治安等，新时代，应通过乡规民约内容的引导，实现乡村自治，促进农村社会治理的科学合理。乡规民约的内容应以乡村振兴为导向，构建新农村社会秩序，促进农村社会经济发展，提高乡民素质，美化乡村环境，建设美丽乡村，使乡规民约成为农村社会发展不可或缺的自治行为规范。为了保证乡规民约内容合法，有些乡村在制定和修订乡规民约时，会邀请由律师、基层法律服务工作者等法律专业人士深度参与乡规民约的制定，对其合法性予以把关，通过"一村一法律顾问"等形式为村民提供法律服务，增强村民法治意识，保证乡规民约依法产生，进而提升乡规民约在农村社会治理中的实际效果。

（二）制定程序要符合法律政策规定

现代乡规民约是乡民民主协商的结果，应当符合基层民主协商制度的要求。乡民通过反复讨论、争辩、相互沟通，最后达成一致，形成乡规民约，在这一过程中，基层政权担任组织、引导角色，应当明确自己的任务，不要过多干预。

乡规民约的制定要经过征集民意—拟定草案—提请审核—审议表决—备案公布等步骤，在这些步骤中，征集民意就是要广泛征求群众意见，审议表决是由村民会议审议讨论、表决通过，这些环节体现出在制定乡规民约的过程中对民意的充分尊重。村委会在组织制定乡规民约时的程序应当规范合理，严格按照指导意见的要求，结合本村实际，使本村乡规民约的制定在时间和人数上充分保障广泛参与性。此外，乡规民约的制定时间应尽量避开农忙时节，在征求意见时考虑本村实际情况，常住人口每个家庭可推选代表发表意见，征集意见的人数可设定下限，以保证最大多数利益相关的村民参与制定。对涉及乡规民约的有关事项，村委会应当及时告知村民，保证村民的知情权，拟定草案应经民主投票，通过后应加强宣传，逐步提高村民对乡规民约的认同感。制定程序的严格性可以保证乡规民约是村民认真制定的规约，符合村民生产生活需要，具有科学性和可适用性，能有效维护村民利益。村党组织和其他组织的参与可以为乡规民约的制定提供建设性建议，但务必要严格执行制定程序，保证乡规民约制定过程的民主性。

现代乡规民约对乡民具有道德约束作用，并与乡民切身利益相关，只要在本乡村生活就应遵守本乡村的乡规民约。提高乡民参与制定乡规民约的热情，不但能使乡规民约的产生具有民主性，也是切实维护乡民在乡村治理中的主体地位、保障乡民权益以及促进乡规民约施行的前提和基础。另外，在乡规民约的备案程序上，乡镇政府应当依法履行备案程序，规范备案行为，而不应当对乡民制定的实质内容进行违背村民意愿的修改，从而保障乡民自治权的实现。

二、完善乡规民约保障机制

第一，根据《中华人民共和国村民委员会组织法》的规定，乡规民约由村委会及其成员组织实施，因此，为了保障乡规民约的合理执行，更好地发挥其作用，首先要提升村委会及其成员的执行能力。村委会虽然不属于我国的基层政权，但是在农村承包地的划分、集体资金的使用方面依然掌握一定权力，提升村委会及其成员工作能力可以保障其正确、有效地行使权力。在乡规民约的实施过程中，一方面应当严格要求村委会及其成员带头遵守乡规民约，在具体执行的过程中不能给熟人开后门；另一方面应定期对乡规民约的执行情况进行评估，由村委会汇报乡规民约执行情况，村民可以通过投票表决等方式来表明是否认可村委会对乡规民约的执行，对不认可的行为则应分析其是否具有合理性，查找原因，对不合理的行为应及时予以纠正。此外，因乡规民约属于自治性规范，乡村中乡规民约的执行也往往具有较浓的人治色彩，具有一定的随意性，所以应当对乡规民约的执行程序进行规范，使乡规民约的内容在执行中得到落实。

第二，成立乡村民间组织以推动乡规民约的施行。乡规民约是村民自愿约定的结果，如果能调动普通乡民的积极性，参与督促乡规民约执行的工作中，乡规民约施行的效果应该会有所改善。在现代乡村社会的治理中，可以通过乡民参与执行的方式调动乡民对乡规民约的热情和支持，即在农村常住人口中挑选合适的乡民组成乡规民约的执行组织，如乡规民约评理会、道德评议会、红白理事会等，以推动乡规民约的施行。这些自治组织的成员可以是乡间德高望重的长者、吸收新知识的乡村精英、退休回乡的人员、愿意为大家服务的普通乡民等，这些人以其良好的道德声誉、丰富的社会经验甚至个人魅力影响并督促乡民守约而不逾矩，不但更易使乡民接受信服，而且也可以以此保证村务公开公平。

第三，应建立健全乡规民约的监督机制，成立乡规民约监督委员会，以监督乡规民约的实际执行情况。乡规民约的监督机制可以划分为两种情况：一种是在乡规民约施行前，将其交于乡规民约监督委员会审查，得到审批后再予执行，这种方式属于事先审查机制；另外一种是事后审查方式，即村干部依据乡规民约对村民进行处罚或奖励之后，监督委员会再对其行为进行评价。各村在建立健全监督机制时应结合自己的情况，选择相对适合自身情形的监督机制。如有些村庄主要发展农业生产，在农忙时节不应以审查乡规民约执行为先；事先审查会增加村庄负担的，就可以采用事后审查机制；有些地方，农村集体经济发展较好，管理模式现代化，可以采用事先审查机制，先将乡规民约交由监督委员会审查，通过后再予执行。与此同时，基层政权机关应当对村委会的决定进行审查监督，对危及村民正当权益的惩罚决定应当予以纠正，对违法运用乡规民约的村干部警告或撤职，严厉打击滥用权力等行为，树立勤政、廉洁的村干部形象，同时对正确运用乡规民约的执行行为予以肯定，让乡规民约在监督中充分发挥维护农村社会秩序的作用。

第四，应当合理设置奖惩机制。若乡规民约中义务性规定过多、惩罚性条款不合理，自然得不到乡民认可，应将奖励和惩罚机制合理地规定于乡规民约中。有些乡村在乡规民约中设立奖励机制，实行物质奖励，分设不同的奖励等级，对遵守乡规民约表现良好的乡民予以奖励，激发了乡民认真遵守的热情，同时也起到了宣传的作用。提高乡民认同感的奖励机制不应只局限于物质奖励，还可包括通过评为"乡村年度标兵""颁发乡村荣誉勋章"等方式提高乡民的荣誉感，或者通过奖励代表村落文化的纪念品，以激发乡民对农村社会文化的认同。可以采取多种激励方式督促乡民遵守乡规民约，以使乡规民约真正发挥实效。近年来有些村采取积分制的方法，对村规民约的执行情况进行量化评分，以户为单位予以考核，对村民实行信用积分奖惩，在享受国家相关惠民政策、入党、评定村里各项荣誉等方面以积分作为标准优先考虑；积分还可以在村里的爱心超市中兑换商品。这种方式极大地鼓励了村民自觉遵守村规民约，取得了非常好的效果，在推行其他乡规民约时也可借鉴推广。

三、不断提升乡民的认同感

现代乡规民约与乡民的生活密切相关，只有提升乡民对乡规民约的认同感，才能更好地发挥现代乡规民约的社会治理作用。目前农村外出人口增多，人口流动性较大，对村落文化的认同感相比于传统农村要低。乡民遵守乡规民约主要是基于对其的内心认同，如果乡规民约存在不能由乡民民主产生、制定的质量不高或内容不合法不合理等现象，则可能面临乡民的质疑，难以获得乡民的认可，乡规民约的适用就会出现种种困境。现代乡规民约作为农村社会的行为准则，是村民民主自治不可或缺的手段，应该明确乡规民约的定位，在体现传统农村文化价值的基础上，聚集乡民智慧，维系乡民关系，维护农村社会秩序，传承村落文化。要提高乡民对乡规民约的认同感需做到以下三个方面。

第一，乡规民约应当在传承中华优秀传统文化的基础上倡导现代社会美德。乡村地区的优秀传统文化是乡民在长期的生产生活中总结而来的，而随着时代的发展，应当将社会主义核心价值观的内容与乡村传统优秀文化一同融入乡规民约中，获得乡民的认同，从而使乡民自发地遵守乡规民约。

第二，乡规民约应当由乡民产生。传统风俗习惯类乡规民约具有丰厚的历史文化积淀，乡民对其认同感较强，一般会自觉地将自己置于该风俗习惯中。村民自治章程、村规民约等乡规民约应当严格按照法律的规定由村民会议制定产生，以发挥村民的自主性。当乡规民约是乡民治理其生产生活的真实意愿表达时，乡民自然认同其内容，在后续执行中，也能自觉履行该乡规民约。

第三，乡规民约宣传工作的好坏对乡民认同乡规民约、保证乡规民约的实际运行效果有重要影响，村民理解和认可乡规民约的内容，才会支持村委会的工作，自觉维护乡村秩序，因此应加大对乡规民约的宣传力度。在宣传方法上，不必只限于传统的村内宣传栏公告，还可从以下方面创新宣传方法：①乡规民约的条文规范虽然更具有体系性，但并不容易被乡民所熟知，可以将其主要精神用易记忆、易传诵的方式提炼编写，提高传播度，便于乡民了解；②可以将乡规民约的内容及精神以广播的方式进行讲解，并组织学习乡规民约的有奖问答活动；③村委会可以设立微信公众号，除了乡规民约条文，还可以对其内容来源进行介绍，对本村传统的村落文化予以叙述，并在村民对乡规民约内容有疑问时及时解答。此外，各地还有多种可供互相借鉴的宣传乡规民约的形式，如编排与乡规民约相关的戏剧，制作有关乡规民约歌曲、快板、拍手歌、舞蹈，印制乡规民约宣传画册等，通过这些方法使乡民熟知乡规民约的内容，从而进一步提升乡民对乡规民约的认同感。在宣传内容上，除了宣传乡规民约本身的条文和精神，还可以宣传乡规民约与乡民的关系，讲述相关司法案例中法官援引乡规民约作为裁判依据的情况，告知乡民可以选择乡规民约保护自己的合法权益。乡规民约的介绍和宣传工作可以提升乡民对乡村文化的自信，也可以帮助树立乡规民约在乡民心中的地位，以此提高乡民对乡规民约的认同感。

四、乡规民约的制定后评估

可以借鉴立法后评估的做法，对乡规民约进行制定后评估，以考察乡规民约的实施情况，并根据存在的问题予以解决完善。乡规民约的制定后评估是在乡规民约实施一段时间后，运用相应的评估机制和手段对其实施效果进行评估检验。

立法后评估制度是对法律进行的评价，是在法律制定通过并实施一段时间以后，根据法律实施的效果来评价、评估立法本身。立法后评估用以检测法律是否具有可操作性，是否能适应时代发展和社会需求，若发现存在问题，即对该项法律进行修订或废止，以完善立法，提高立法质量。立法后评估制度中，评估主体应当具有一定权威性，本着客观中立的态度，充分收集资料和数据，认真分析各方的反馈；评估过程应公开民主，评估手段科学合理，这样的评估结果才会真实可靠。立法后评估是以多项标准评估法律是否具有可操作性和可实施性，如合法性标准、合理性标准、技术性标准等。合法性标准的审核中应当注意是否符合宪法要求，是否与其上位法相抵触；合理性标准评价立法是否符合公序良俗，能否做到公正、合理，是否尊重公民的权利，是否符合比例原则，权利与义务的内容是否合理；技术性标准对立法技术进行评估，考察法律的结构体系、语言表达的规范性等。除此之外，还有执行力标准、效率标准、公平标准等。制定后评估乡规民约可以从以下方面开展：

第一，从评估要求来看，若想让乡规民约的评估具有说服力，评估主体应当具有一定威信，可以请驻村代表、政协委员、法律顾问等单独或者组成小组进行评估，注意时间与效益；村委会也可以辅助进行评估，以更深刻全面地了解乡规民约的实际效用。在评估的过程中，了解乡民对乡规民约的理解和认可程度，考察乡规民约的哪些条款存在争议、哪些内容执行不力，广泛收集信息并自觉接受村民监督，保证过程公开民主，数据真实有效。

第二，在评估标准方面，严格执行合法性标准，将违法的内容明确标注指出，若条款过于原则性或者不符合公平合理的目标则须修改调整。

第三，在制定乡规民约的技术上，乡规民约的结构是否合理，内容是否规范化，各部分之间和条文之间是否具有科学逻辑性，是否注意到各个具体规范之间的关系，是否只重视义务性规定而忽略对村民权利的保护，在实际的操作过程中是否可以得到良好适用，等等，都需要认真考察评估。

第四，在及时性方面，要促进乡规民约的与时俱进，在保留中华优秀传统文化的前提下，对落后的部分予以废除，应当使乡规民约具备新时代背景下的新内容，为适应乡村的发展需要，乡规民约应当及时修订，满足乡民对规约的需求。

参照立法后评估的各项标准，可以建立乡规民约制定后评估指标体系，从乡规民约的内容质量、执行状况以及实施效果等方面对乡规民约进行全方位评估，见表6-1。

表 6-1　现代乡规民约制定后评估指标体系

评估内容	评估标准	评估指标		指标内涵说明
乡规民约质量评估	合法性标准	形式合法性	制定主体	是否依法由村民会议制定
			乡规民约的内容	是否包括"规范日常行为""维护公共秩序""保障群众权益""调解群众纠纷""引导民风民俗"等内容；是否以问题为导向，提出有针对性的抵制和约束内容；可针对违反乡规民约的情形提出相应的惩戒措施
			形式结构	是否包括名称、正文、审议主体、日期等组成部分
			制定程序	制定程序是否合法；村规民约和居民公约的制定或修订是否经过以下步骤："征集民意""拟定草案""提请审核""审议表决""备案公布"
		实质合法性	乡民的认可度	是否与宪法、法律、法规和国家的政策相抵触，是否能保障村民的人身权利、民主权利和合法财产权利
	合理性标准	目标合理性		乡规民约是否符合本村实际需要，是否有益于维护基层社会秩序
		内容合理性		具体规约内容是否公平公正；各项管理措施是否必要、适当；惩戒措施是否与违反规约的情形相适当
	技术性标准	协调性		该乡规民约是否与本乡村适用的其他民间规约相衔接、相协调；乡规民约内各条款之间是否协调
		完备性		该乡规民约的制定是否符合技术规范；逻辑结构是否严密，表述是否准确；标点符号运用是否规范；各项规定是否具有解释空间
	可操作性标准	实践应用性		乡规民约的规定是否有针对性地解决乡村现实存在的问题；规定的内容是否便民；规定的程序是否正当、简便、易于操作；规定的执行体制、机制、措施是否具体可行，就乡村目前的现实状况来衡量是否超前或落后
乡规民约实施状况评估	执行力标准	落实情况		乡民是否能接受乡规民约并依照乡规民约开展生产生活；对违反乡规民约的情形，是否能进行批评教育，并通过合理的处理方式，使违反者受到教育、改正错误；村委会、村管理人员能否切实执行乡规民约
		实施的监督机制		是否将对乡规民约实施情况的督促检查纳入村"两委"的目标责任考核内容中；村务监督委员会是否能有效开展对乡规民约遵守情况的监督；奖惩机制是否健全完善；修订机制是否完善

评估内容	评估标准	评估指标	指标内涵说明
乡规民约实施的绩效评估	效能标准	实施效率	乡规民约是否得到普遍遵守和执行，其使用效率如何
		实施效益	乡规民约实施后取得的经济、社会效益是否明显高于乡规民约制定和执行的成本；通过乡规民约的实施，乡村各主体所得到的直接和间接的经济效益如何
		实施效果	是否有效解决了农村社会治理中存在的问题；是否实现了制定乡规民约的预期目的；乡规民约的实施对农村社会秩序、纠纷解决、乡风乡情、村民观念等的影响；乡规民约的执行与乡民的生产生活需要是否契合
	公平标准		乡规民约实施后所带来的与该乡规民约有关的社会资源、利益及成本公平分配的程度

五、建设发展现代乡村文化

乡规民约生于乡村、长于乡村，我国悠久的历史、厚重的传统文化孕育了乡规民约，乡规民约又反映并解读乡村文化，因而，加强对现代乡村文化的培育对乡规民约的发展具有非常重要的意义。

第一，乡村文化体系的完善以及乡民公共精神的培育应注重对农村传统习俗及土生土长的乡村文化的弘扬，传承乡村文化也是现代乡规民约的责任。例如，龙舟文化、舞龙活动以及少数民族的节庆日等，这些乡村文化因贴近乡民的生活而更容易被接受和拥护。村委会可以通过组织本村特色文化活动，将本村的庆祝节日写入村规民约等方式增强村民对本土文化的认同感。还可以通过大力发展乡村文化产业的方式进一步弘扬乡村文化，例如，当前乡村旅游文化产业日渐兴起，发展乡村旅游不仅能通过文化富农的方式增加农民收入，也可以增强乡民对乡村文化的自豪感。积极推进乡村文化产业，不仅有利于乡村文化保护，而且与乡民个人发展息息相关，进而使乡民对村中事务更具参与感，有利于进一步培养乡民的公共精神。

第二，通过乡规民约引导和弘扬现代文明。现代乡规民约的发展既要传承传统文化，也要倡导现代文明，从现代文明中汲取营养，使乡规民约在新的历史时期苗壮成长。通过制定乡规民约以禁止铺张浪费、高额礼金等不良现象，有利于改善乡村社会的不良现象，提倡节俭风气，形成良好乡风。现代乡规民约在宣传优秀传统文化和价值理念的同时，还应融入现代社会价值，注重新时代农村社会文化培养与建设，在提高物质生活水平的同时提高乡民自身文化素养，推进文化下乡活动，构建先进的、优秀的现代乡村文化。

第三，通过现代乡规民约培育乡民社会主义核心价值观。在新时代，面对不同文化的影响，应积极弘扬社会主义核心价值观，将之融入现代乡规民约中，指导乡民行为。为了使乡民更好地理解和融会贯通，可以通过乡规民约的方式将其内容具体化，在邻里关系、自我管理、环境保护等方面都作出具体规定，对乡民进行宣传教育，推进美丽乡村建设。社会主义核心价值观已经写进《中华人民共和国宪法》，通过现代乡规民约倡导社会主义核心价值观，从国家层面、社会层面和个人层面解构社会主义核心价值观的追求，丰富乡规民约的内涵，使现代乡规民约成为一种文明契约，推动乡村精神文明建设。

六、乡规民约需符合时代要求

乡规民约作为规范乡民行为的重要依据，应当跟上时代发展，符合时代要求。传统的乡规民约建立在民风淳朴的背景下，在社会文化发生变迁、人们思想不断发展变化的今天，乡规民约也应当及时跟进时代潮流，推崇优秀传统文化并吸纳现代文明，帮助农民构建精神世界，在物质生活水平提升的情况下建立充实的内心世界。

第一，现代乡规民约应倡导社会主义道德，指导村民行为。乡规民约历史久远，传统乡规民约中体现出儒家思想，重视礼义教化，崇尚伦理道德，以礼来引导人的行为。由于儒家思想在我国古代社会文化中占据重要地位，上到国家法律，下到民间规范，都包含儒家思想的内容，儒家主张以"礼"为治世工具，使每一个小单元保持良好运转，进而使整个社会秩序持久运行。乡规民约作为农村社会的行为规范，也同样体现了儒家纲常伦理的要求，提倡用礼来指导乡民，用教化的方式帮助改善民风，使人心良善。在现代法治社会，乡规民约应当合法合理，符合社会主义道德观的要求。儒家文化作为古代中国治理社会的主要思想，存在一定的阶级性和时代局限性，因此对其应批判性继承。传统乡规民约中优秀的思想可以保留，以发扬乡民淳朴的民风，在新时代，可以将社会主义道德观引入乡规民约之中，以此引导乡民的行为。

第二，乡规民约与社会主义道德密不可分，《关于做好村规民约和居民公约工作的指导意见》中提到规约的内容，其中"规范日常行为""引导民风民俗"的内容就是关于社会主义核心价值观和社会道德风尚的。道德建设可以使乡规民约明确价值导向，乡规民约对道德理念、价值以规范的形式落实，是对社会主义优良道德的弘扬。在现代乡规民约中倡导社会主义道德，能起到良好的道德引领作用，使我国优秀传统文化中的良好道德观在新时代仍然具有社会价值，不但有利于文化传承，而且有利于培育民族情感，使乡规民约更为乡民所认可，促进乡规民约的实施。同时，社会主义道德的内容符合时代要求，是处于新时代的乡规民约的价值选择，可以使乡规民约更具有时代特色，为乡规民约的创新发展注入时代活力，逐步提高目前乡规民约的创新性和时代性。

第三，发挥乡规民约在新时代对乡村振兴的作用。在新时代，国家提出乡村振兴战略，乡规民约也应与时俱进，在乡村振兴的背景下积极作出改善，充分发挥作用。乡村振兴战略旨在提高农民生活水平，缩小城乡差距，发展先进科技，保护原有生态环境，让农民职业焕发生机，分阶段执行，逐步实现农业生产和农村社会发展现代化，对实现农村治理模式现代化、发展乡村特色产业、以科技支持农村发展等具有重大意义。乡规民约与乡村振兴战略的关系非常紧密，乡村振兴战略是党和国家发展的七大战略之一，对未来农村社会的发展进行了分阶段的详细规划，在这样的背景下，乡规民约作为乡间传统的行为规范，应积极响应。乡规民约的主要作用是规范农村社会秩序，使农村社会长久稳定发展，契合乡村振兴战略的目标要求。乡村振兴战略中关于思想道德的部分指出"巩固农村思想文化阵地"，关于文化的部分提出"弘扬中华优秀传统文化"，中华优秀传统文化是形成良好乡风的基础，是一个村庄的文化底蕴，是凝聚村民的力量，也是农村社会发展的内在动力。

乡规民约传承中华优秀传统文化，同时，乡规民约也应实现与时俱进，推动乡村振兴，在国家大政方针的指导下，以具体形式约束乡民行为。例如，乡村振兴战略对学校教育、科技发展等方面都有细致规划，作为影响民风的乡规民约也应当在规划实施过程中积极创新。

七、依据不同农村类型发挥乡规民约作用

由于农村各地经济发展水平的差异，我国农村可以分为传统色彩较为浓厚的村落、社会主义新农村以及城中村，在不同类型的农村地区，乡规民约发挥的治理功能有所不同。

在传统色彩较为浓厚的村落，人们之间的联系较为密切，中国乡村熟人社会的特点较突出，乡规民约尚保留较多传统风俗习惯。在这些传统色彩较为浓厚的村落中，乡规民约在一定程度上是该地区传统风俗习惯及道德风尚的集中体现，在该类型村落的社会治理中发挥着不可替代的作用。基于上述原因，在这些村落中，乡规民约的制定与实施一方面应当注重继承优秀传统风俗习惯；另一方面应当注重与现代乡村价值的融合，使乡规民约在不失传统优秀道德风尚的前提下，与当下倡导的社会主义核心价值观接轨，更好地发挥其在乡村社会治理中的作用。

在社会主义新农村的建设中，需要经历由传统乡村社会向现代乡村社会转变的过程。在这一过程中，乡规民约与国家法律在社会主义新农村建设的不同领域发挥着各自不可替代的作用，但相比传统色彩较为浓厚的村落，乡规民约的作用有所弱化。因此，在社会主义新农村建设的过程中，要协调好乡规民约等自治性规范与国家法律法规等强制性规范之间的关系，一方面乡规民约要以法律为准则，不得与法律相抵触；另一方面，乡规民约要发挥自身贴近乡民生活、体现乡民共同意志的优势，弥补国家法律在乡村治理中的不足，与国家法共同作用于乡村治理。

在城中村的社会治理中，由于其中的人口数量较多，且村中较多房屋会出租给来自各地的人们，因此"城中村"在某种意义上可以说是一个流动人口密集且复杂的社区，居民之间几乎难以形成一定的传统或惯例，在一定程度上城中村几乎已成为一个陌生人社会，而非传统中国的熟人社会。因人口构成复杂且数量大，导致城中村往往成为一个较为难以管理、治安问题集中发生的区域，而乡规民约在城中村社会治理中所发挥的作用也十分有限。为达到维护城中村秩序、促进城中村进一步发展的目的，许多城市都会对城中村进行改造，如有的城市直接选择对城中村进行拆迁，将居民安置到已建成的社区中，从而使城中村变为社区。因此，在城中村的治理中，仅依靠单一村委会等自治组织进行治理活动效果不太理想，传统乡村治理模式在城中村所能发挥的作用是有限的。因此，应结合城中村发展的具体情况，通过乡规民约转变村民理念，同时根据法律规定整治"城中村"中的乱象，如房屋租赁市场混乱、村中乱搭乱建、村容村貌脏乱差等，将建立在乡规民约基础上的自治与以法律为根据的法治相结合，完善城中村公共服务，推动发展包容性社区，促进城中村的人文善治。

八、注重现代化治理手段的运用

互联网技术的发展与智能手机的普及使我国乡村地区享受到互联网带来的便捷，在乡村社会治理中，互联网也为乡规民约的推广与实施提供了新的平台，具体体现在以下方面：首先，在乡规民约的制定与修改中，可以通过网页留言、微博自媒体或微信公众号等网络平台征集乡民的意见，从而使乡民真正参与乡规民约的制定与修改，让乡规民约在真正意义上体现乡民的意志与利益诉求。其次，在乡规民约的宣传教育上，可以通过微博自媒体、微信公众号每日推送乡规民约的内容与价值追求，让乡民在耳濡目染中逐渐将乡规民约内化于心，外化于行；还可以通过宣传法院援引乡规民约进行判决裁定的案件，使乡民意识到在自身权益受到侵害时，可以利用乡规民约保护自己的正当权益。最后，在乡规民约的制定与具体实施的过程中，一方面可以通过建立村务公开网站、设立留言建议专栏的方式对乡规民约的制定修改等提出意见，或者以微信、QQ 等形式与乡民共同联络；另一方面，还可以通过网站、微博或微信等平台建立匿名举报链接的方式对乡规民约的具体实施进行监督。现代化的技术手段为乡村治理提供了更便捷的方式，也为乡规民约的宣传和施行提供了更便利的途径。乡规民约的内容应当是动态的，在村情民意发生变化的时候，乡规民约应跟上社会的发展，及时修订，而信息沟通的畅通无阻，现代化治理手段的应用为此提供了保障。

参考文献

[1] 卞辉. 现代乡规民约与农村基层社会治理创新 [M]. 北京：中国民主法制出版社，2020.

[2] 曹贤信，何远健，左群. 农村基层治理法治化的理论与实践 [M]. 南昌：江西高校出版社，2018.

[3] 曾永祥. 探索县域治理现代化建设美丽幸福新农村 [J]. 瞭望，2020（43）：52-53.

[4] 陈强，袁宙琴. 新农村文化建设的困境与发展对策探讨 [J]. 山西农经，2022（11）：34.

[5] 陈荣卓，陈鹏. 新时代农村社区治理：经验与效能 [M]. 武汉：华中师范大学出版社，2021.

[6] 邓万春，景天魁. 现代化与后现代化：双重的新农村建设 [J]. 探索，2012（1）：142-146.

[7] 董立强. 试析农业经济管理对农村经济发展的促进作用 [J]. 山西农经，2021（21）：65.

[8] 郭志远. 我国纠纷解决机制法治化研究 [J]. 安徽大学学报（哲学社会科学版），2015，39（4）：3.

[9] 黄生成. 中国新农村文化建设研究 [M]. 北京：中国政法大学出版社，2017.

[10] 蓝红星，王婷昱，施帝斌. 中国农业农村现代化：生成逻辑、内涵特征与推进方略 [J]. 改革，2023（7）：105.

[11] 雷明. 论农村社会治理生态之构建 [J]. 中国农业大学学报（社会科学版），2016，33（6）：5-13.

[12] 李包庚，詹国彬. 非营利组织在农村社会治理中的作用探析 [J]. 现代商业，2014（18）：268-269.

[13] 李长健，王君健，陈志科. 城镇化背景下农村环境保护法律问题探究 [J]. 时代法学，2009，7（1）：57.

[14] 林丽丽，鲁可荣. 农村社会治理中的协商民主 [J]. 长白学刊，2018（3）：72-78.

［15］刘冬林，樵楠. 新时代农产品品牌战略及营销策略［J］. 农村实用技术，2022，251（10）：67.

［16］刘金海. 中国式农村现代化道路探索——基于发展观三种理念的分析［J］. 中国农村经济，2023（6）：32-47.

［17］刘新静. 城镇化进程中我国传统农村的转型及新农村建设研究［J］. 学术界，2013（3）：22-30，273-277.

［18］刘洋，冯知新，冷琳琳. 国家治理现代化中新农村公共服务建设［J］. 理论观察，2014（11）：88-89.

［19］刘长全. 农业农村现代化是建设农业强国的根基［J］. 红旗文稿，2023（9）：41.

［20］孟姝君. 新农村建设背景下农村文化旅游产业发展探讨［J］. 漫旅，2023，10（15）：82-83，101.

［21］曲延春. 社会转型与农村社会治理体制创新［J］. 农村经济，2014（8）：12-16.

［22］饶旭鹏，王燕美. 以"四个治理"推动农村社会治理创新［J］. 前沿，2014（17）：12-13.

［23］任路. 协商民主：居民自治有效实现形式的运转机制［J］. 东南学术，2014（5）：59.

［24］萨拉·纽兰，谢嘉婷，翁士洪. 创新者与实施者：中国农村社会治理的多层次政治［J］. 中共浙江省委党校学报，2018，34（5）：61-70.

［25］宋才发，黄捷. 运用法治思维推进民族地区农村社会治理［J］. 黑龙江民族丛刊，2017（6）：5-12.

［26］孙玉娟，丁宁宁. 农村社会治理视域下纠纷多元化解机制探析［J］. 知与行，2016（9）：113-117.

［27］王可亦，南丽军. 我国农村社会治理中的政治文化分析［J］. 经济师，2017（4）：48-49，52.

［28］王兴仓. 新时代中国式农村现代化实现的路径选择［J］. 现代商贸工业，2023，44（21）：21.

［29］杨洁. 关于社会主义现代化进程中的新农村建设探析［J］. 大江周刊（论坛），2013（1）：165.

［30］游鑫荣. 试析中国新农村建设所面临的问题及对策［J］. 世界农业，2013（8）：152-154.

［31］余敏江，何植民. 基于民生改善的农村社会治理转型［J］. 理论探讨，2016（5）：

10-15.

[32] 张红霞. 农村社会治理路径探析 [J]. 新西部 (中旬刊), 2014 (4): 9, 15.

[33] 章晓乐, 任嘉威. 治理共同体视域下社会组织参与农村社会治理的困境和出路 [J].
南京社会科学, 2021 (10): 62-67.

[34] 赵春澄. 加强和创新农村社会治理 [J]. 新西部 (中旬刊), 2016 (11): 15, 27.

[35] 郑亮, 杨燕菱. 农村土地制度改革背景下的农村社会治理新常态 [J]. 哈尔滨市委
党校学报, 2016 (5): 34-39.

[36] 周银凤. 新农村社会主义核心价值观的培育对策探析 [J]. 辽宁科技学院学报,
2017, 19 (5): 94-96.

[37] 朱凤霞, 陈俊天. 国家与社会关系视角下的农村社会治理转型 [J]. 科学社会主义,
2021 (1): 94-100.

[38] 朱天, 李晓. 论新媒体在新农村公共信息服务体系建设中的功效 [J]. 西南民族大
学学报 (人文社会科学版), 2012, 33 (8): 149-153.

[39] 朱小乐. 浅析农业经济管理对农村经济发展的促进作用 [J]. 南方农机, 2022, 53
(4): 62.